国語教師が教える

大学生の長作文練習

楽しく身につく豊かな文章表現

――書評・評論・随筆・小説・レポート――

金子　泰子【著】

溪水社

まえがき

本書は、前著『二百字作文練習』に続く、応用、発展編として書きました。前著同様、気軽に楽しく文章表現学習に取り組めるように、ポイントを絞って課題を提示してあります。学習コミュニティを育み、共に学び、共に成長が実感できる、発見や喜びと共にある文章表現学習の教室を目指したことも、また同じです。

大きな違いは、前著が、「二百字作文」という定型の字数制限作文を繰り返し練習し、基礎的な文章表現技術の習得を目指したのに対して、本書では、長作文課題を、構想・記述・推敲の制作過程に分けて、各過程を丁寧にたどっている点です。文章の構成・表現・推敲の学習に時間をかけ、思考を深める支援をしました。

この目的のために、学生たちの作品と批評会の具体例を示し、自己評価にも注目して、「主体的・対話的で深い学び」が実現するよう心がけました。

教師のみなさんには、大学における文章表現指導の一事例としてご覧いただくと同時に、学習コミュニティおよび学生個々の成長物語としても楽しんでいただければと思います。

本書がわずかでもヒントになって、多くの文章表現教室に独自の物語が花開くことを願っています。

二〇二〇年一月吉日

金子　泰子

目次

ステップV　レポートで一年間の文章表現学習を振り返ろう……127

国語教師が教える

大学生の長作文練習

楽しく身につく豊かな文章表現

―書評・評論・随筆・小説・レポート―

ステップを踏み出す前に

一　長作文とは

長作文の定義に入る前に、次のように「文」「段落」「文章」の定義をしておきましょう。

文　**一つの完結した思想を述べるもの**

段落　**比較的長い文章の部分として区別され、それぞれ小主題（中心文）によって統一されている文の集合（特別の場合は文）のこと**

文章　**一主題のもとに展開された統一体**

二百字作文のような、いわゆる短作文では表現しきれない大きな主題があります。長作文は、そうした「ある主題のもとに、いくつかの段落を展開、統一した文章」と定義します。

本書では、書評、評論、随筆、小説、レポートの五つの文章を長作文課題として取り上げ、制作する際の構想、記述、推敲の各過程を丁寧に学習していきます。応用、発展編ですから、各過程の学習成果であるアウトラインや草稿を基に、学生同士が批評し合い、自己評価を加えて、実のある推敲作業につなぎます。具体的には、班ごとの合評会、それに基づく自己評価を経て、作品の修正、公開、共有へと進みます。

書評・評論・随筆・小説の四つの文章をステップⅠからⅣに分けて練習し、最後のステップⅤで、学年末レポートの課題として一年間の学習を振り返り、各自の成果と今後につなぐ課題をまとめます。

授業では、各課題、一六〇〇字を目安として取り組みました。小説は三〇〇〇字です。なお、長作文練習では、

「二百字作文」の時のような厳しい字数制限は行いません。

二　これまでの学習

練習に入る前に、『二百字作文練習』の成果と課題を、学生の前期末レポートをもとに振り返ってみたいと思います。教壇からは見えない、受講生の受け止め方が明らかになるはずです。成績評価の対象であるため、教師に対する遠慮もあるでしょうが、それを差し引いても、学習の全体像は窺えると思います。

前期末レポート「前期の成果と課題」紹介

前期末レポート例　①

「書き深める」作文教育

M・Y

日本の作文教育では、学生が教師の設定したテーマについて作文を書いて提出し、教師がその作文を添削して返却するのが一般的である。学生は作文を《書かされるから書く》。そんな受動的な学び方をしている。

しかし文部科学省（二〇一九）は、二〇二二年度から実施する『高等学校学習指導要領』に、学生の「『主体的・対話的で深い学び』の実現に向けた授業改善」（p.4）を行うよう明記している。作文教育も、学生が受動的であった従来の方法から脱却を図らねばならない。

そこで本稿では「主体的・対話的で深い学び」を実現するための作文教育がどうあるべきかについて考察する。視座として、従来式の作文教育が行われていた筆者の中高での作文教育と、大学での作文教育を比較する。《書いたら書きっぱなし》にする作文教育の弊害を明らかにし、作文教育の中で一度書いた作品について学生同士が話し合い、推敲する「書き深める」活動の有効性を明らかにしたい。

筆者が卒業した中高の作文教育は、生徒が趣旨を《伝え》られるようになることを目標としていた。筆者の母校は中高一貫校で、作文教育といえば中学一年生の国語の時間に特設された「読書」の時間に感想文を書くことであった。読書の時間、生徒は教師が選んだ課題図書から一冊を選んで読み、ノートに感想文を書いて提出する。感想文は近日中に教師によって添削され、コメントが付けられて返ってくる。学生は一度提出した作文をほとんど振り返らない。

一方、大学の作文教育では趣旨が《伝わる》文章を書けるようになることを目標としていた。つまり大学生という学生集団にとって、書き手が趣旨を《伝え》られるのは当然で、さらに一歩進んだ趣旨が《伝わ》ったかどうかを重視するのである。

大学での作文教育は次のように進む。まず学生は、教師が設定したテーマに合わせて作文を書き、提出する。次週、書き直しのヒントが入った作品が返却される。学生は返却された作文をもとに六人程度の班を作り、批評会を行う。批評会では文章表現の改善方法を話し合う。そして話し合いの内容を受けて、学生自身が推敲をする。学生が一度提出した作文を振り返る所に特徴がある。

《伝える》ための作文教育と、《伝わる》ための作文教育。その目標の違いは、従来の作文教育像と「主体的・対話的で深い学び」が求められる時代の作文教育像の違いでもあるであろう。つまり「対話的」であることが要求されなかった従来の作文教育では、学生が趣旨を発信さえできればよかった。しかし「対話的」な学びであることが求められる今後は、相手が誰でも、作品を仲立ちに「対話」できなければならない。つまり発信した内容が、どんな相手にも正確に理解されることが重要になるのである。

では、学生が《伝わる》文章を書けるようになるにはどうすればよいのか。そのヒントは筆者の中高と大学の教育の違い、つまり学生間の話し合いと推敲に求められるだろう。

学生間の話し合いは、趣旨が《伝わ》ったかどうかを確認する機会になる。学生は《伝わった》という成功体験だけでなく《伝わらなかった》という失敗を経験することで、どんな表現では伝わりどんな表現では伝わらないのかを学習する。

　また書き手自身が推敲し、よりよい表現を探し出すことで単に《伝わる》文章に変えられるだけでなく、「自分でできた」という達成感を味わうことが出来る。それは自ら学ぶ意欲を引き出すことにつながる。

　話し合い活動や推敲のように作文を「書き深める」ことの有用性についてはすでに小川雅子（二〇〇三）が、次のように述べている。


　国語表現指導においても、「一度でうまく文章が書けること」を目標とするのではなく、自己の感性と想像力を発揮して文章を検討し、より良い表現を自己吟味していく喜びを味わわせることが、本質的な指導ということになります。(p.121)

　小川は、学生に作文を「書き深め」させることこそ「書く」学習の本質だというのだ。まったくその通りであろう。「主体的・対話的で深い」作文教育とは、誰にでも《伝わる》文章を書くことを目標に、作品について話し合ったり、自ら推敲したりして「書き深める」教育であるべきだ。

　以上「主体的・対話的で深い学び」を実現するための作文教育のあるべき姿について考察した。それは作品を仲立ちに誰とでも対話ができるような、趣旨が相手に《伝わる》文章を書くことを目標とする教育であった。書き手自身が書き、話し合い、推敲する、つまり「書き深める」ことで「自分で書けた」という達成感を引き出し、学びへの主体性を育む。それによって、さらなる深い学びを実現できるのである。

参考文献
小川雅子（二〇〇三）『国語表現力の構造と育成――内的言語活動を主体とする理論と実践――』溪水社
文部科学省（二〇一九）『高等学校学習指導要領（平成三十年度告示）解説総則編』東洋館出版社

前期末レポート例　②

書く力を伸ばすためには

I・R

大学の授業ではレポートを課されることが多いが、作文に不慣れな私はその度に文章を書くことの難しさを感じている。漫然と書き連ねてなかなか主題に辿り着けなかったり、伝えたいことを的確に言い表す言葉が思いつかなかったりしてやきもきすることも多い。私は受験科目で小論文を使わなかったため、中高時代にまともな文章表現学習どころか長い文章を書く機会すらほとんど持たなかった。経験不足で苦戦するのも当たり前だ。大学に入学してしばらく経ち、国語教師になるには書き下手ではいけないとうっすら危機感を持ち始めた。しかしどうすれば良いか分からずに何も行動に移せずにいた。

だから国語表現論の授業で文章表現技術を学べることになったときは嬉しく、これを機に書く力を鍛えたいと思った。春学期を終え、約半年間の授業を通して学んだことは大別して二つある。まず一つ目は、二百字作文で自分の文章の癖や欠点を見直し、課題を把握できるようになったことである。私はレポートを書くときに、よく帰納的でまわりくどい論の運び方をしてしまうのだが、その書き方の欠点が二百字作文で顕著に表れた。書き出しはスムーズに行くものの、毎回字数を超過し、どこを削れば良いか悩んで試行錯誤するうちに授業が終わってしまうのだった。余計な情報を省き厳選してまとめる作業ができていないのだ。自分の文章の無駄の多さ、取捨選択と手直しの力不足を痛感した。

あるとき、一行分字数オーバーした私の作品が通信の「紺碧」に載ったことがあった。先生が皆にどこを削ればよいか尋ね、コメントと共に文章の添削が始まった。私は暗い夜道の情景と、一人で歩いて帰らなければならない心細さを表現したかったのだが、自分では満足していた心情の描写が見る間にがしがしと削られていった。ポカンとしていると、先生から「主観は省く。客観的な情景描写で読み手に想像させるのだ」というアドバイスを頂いた。伝わりやすいようにと思ってあれこれ詰め込んだ情報はかえって煩雑だったのだ。その余剰分を描写の細かな説明に回すほうがずっと分かりやすくすっきりした作品になる。他の人の作品と比べても主観を執拗に書きすぎる癖を自覚し、以来簡潔な文章を意識するようになった。そして少し字数が調節できるようになると、毎回通信に設定されているテクニックを実践し取り入れる余裕もでてきた。字数制限で手一杯だった五月頃に比べると僅かながら上達の手ごたえを感じ、書くことによる表現の面白さを感じた。

二つ目に授業のなかで学ぶことが大きかったのは批評会である。特に前期後半から実施した、数人のグループで作文を回し読みしコメントを付け、最優秀賞を決める全員参加型のものはとても良い刺激を受けた。この批評会を通して、他の人に文章を読んだ反応を貰う機会は文章上達には必須であると感じた。通信で印象に残った言葉だが、「文章は他人に読まれるためにある」のであり、書きっぱなしや自己満足のまま終わってしまっては上達は見込めない。自分の癖に気づかず欠点を膨張させる独りよがりな文章になってしまうからだ。先に挙げた私の短所も長い間無自覚だったが、批評会で指摘され修正を重ねる過程で気づくことができた。これまで感想をもらうことはあっても批評されるのは初めてで、最初は厳しい意見に戸惑ったが多くの気づきを得られる貴重な機会だった。また、他者の文章を批評するのも面白かった。自分にない良さを発見できたり、欠点を指摘することで意識すべきポイントを確認できたりした。作品を批評する目を育てることは、自分の文章力向上に繋がると実感した。

授業を通して学んだこれらのことを、将来の国語の指導で活かしたい。書く力は、自分の考えを深めることや読解力に繋がる大事な国語力の要素の一つであり、決して疎かにするべきではない。私は文章をほとんど書かなかった自身の高校時代を反面教師に、まず定期的に短作文を書く機会を取り入れたいと考えている。教師が添削して返し、良い作品は通信に載せるという国語表現論の授業を踏襲した流れで実施するのが理想である。

前期を通して、書く力を伸ばすための様々なポイントを学んだ。読み手に伝わりやすい文章を書くには、まず他人からの批評、添削によって自分の文章の癖を把握することが大切だ。そして癖を直しテクニックを練習するための文章量の確保を教員がサポートしたい。しかし、授業内での実現には課題も多い。現在の学習指導要領では、読む力に比べ書く力を育てる時間は少ない。受験で使わない生徒も当然いるであろうし、授業時間を割いて作文の時間をとるのは無理がある。宿題として課すなどの案が考えられるが、どのように指導の仕方を工夫するかは今後の課題である。

教室は、文章表現力の向上に向けてともに練習を重ねる「学習コミュニティ」(1)であると言えます。そういう意識を醸成するために、自由闊達に意見が交わせる雰囲気作りに努めました。教師はできるだけ言葉を慎み、学生の意見に耳を傾けます。慣れるまで多少時間がかかりますが、積み重ねることで、学生に批評力、自己評価力が育ちます。紹介した二つのレポートは、前期の授業(2)と学生の学びの実態をよく報告してくれています。

三　これからの学習の進め方

本書のステップⅠからⅤの練習は、文章制作過程を分節化した構想・構成、記述・表現、推敲の中から、一つあるいは二つの過程に焦点を当て、学習目標を絞った課題条件法によって行います。

五つのステップ（Ⅰ書評・Ⅱ評論・Ⅲ随筆・Ⅳ小説・Ⅴレポート）に共通する学習の進め方はおおよそ次の通りです。

学習の進め方（全ステップ共通）

1. **課題と条件の確認**

↓　班活動1　**意見交換**

2. アウトライン作成　**構想・構成**

↓　班活動2　**アウトラインの合評会**

アウトラインの改定（宿題1）

3. 草稿作成　**記述・表現**

表現の手引

草稿作成（宿題2）

↓

班活動3　**草稿の合評会　推敲**

提出稿完成（宿題3）

公開・共有

各過程、重複しつつ、3回の班活動と宿題を挟み込みながら、丁寧に文章を仕上げていきます。教師によるクラス通信(3)も毎授業時間に発行されます。通信の機能は、課題の提示、学習目標と評価規準の確認、学生の作品例およびそれらに対する教師の講評などが主なものです。他に、必要だと思われる事柄についても通信を用いて伝達を図ります。

授業時間は、各ステップ3コマ（1コマ90分）、合計15コマで、大学の半期の授業時間に相当するように計画されています。長作文のため、実際に記述したり、推敲、修正してウェブ上に公開する作業などは、授業外の宿題とし、授業時間は主として意見交換や批評会に使います。

教室で十分に意見を交換し合い、参考資料も提供して、宿題が負担にならないように配慮しました。欠席者が増えたり、アウトラインや草稿を準備せずに出席する学生が増えたりすると、批評会が円滑に機能しなくなります。質の高い合評会が展開されることが、対話的授業の価値を高めます。

課題の学習目標を定め、その目標達成に向けて必要な学習指導を行い、記述後には目標の達成度を班ごとの合評会で評価し合います。評価は点数で序列を付けるためのものではなく、評価規準に照らして、個々の作品の達成度、修正点を明らかにするために行うものです。このようにして、各自が批評力を高めることができれば、教室における文章表現学習は楽しく実りあるものに変わります。

本書は、授業の様子を明らかにするために、学生の作品と班活動1・2・3に重点をおいて書かれています。

注

（1）「あるテーマに関する関心や問題、熱意などを共有し、その分野の知識や技能を、持続的な相互交流を通じて深めていく人々の集団」大塚雄作（2005）本授業において「あるテーマ」は「文章表現学習」に置き換えられる。

（2）前期『二百字作文練習』で行った「課題および条件一覧」を巻末に〔参考〕として転載した。

（3）学生の作品紹介、一斉講評のための教材例示、連絡事項の掲載、等、自由に活用する。学年始めにみんなで通信に名称を付けて親しんでいる。二〇一八年度は『紺碧』、二〇一九年度は『新時代』、二〇二〇年度は『象の夢』である。

ステップⅠ

書評で読み手を誘《いざな》おう

一　どんな作品を取り上げるか

1　課題と条件の確認

長作文練習の手始めは書評です。**目標**は、「**読み手の興味をひき、納得させて行動に導く**（書物を手に取らせる）**文章を書く**」ことです。**構成の「型」**（二で説明します）**を活用すること**と**字数は四百字詰め原稿用紙三枚以上四枚（一六〇〇字）以内（ワードの原稿用紙設定で縦書き）**を条件とします。

勧める書物がすぐに思いつかない人がいるかもしれません。そんな人も、文章を書くためのウォーミング・アップもかねて、プロの書評に目を通したり、クラスメートと意見交換したりしながら準備を始めましょう。

2　これまでの学生が選んだ書籍および書評に付けた題、ならびに参考書評

これまでの学生たちが選んだ書籍および書評に付けた題を以下に紹介します。題には書き手のお勧めポイントが凝縮して表現されています。

（'17、'18、'19年度早稲田大学「国語表現論B・A」受講生より。イニシャルは姓・名順）

	書籍名	書評題	評者
1	藤子・F・不二雄（一九九五）「異色短編集1　ミノタウロスの皿」小学館	あたりまえを疑う	K・A
2	佐伯胖（一九九五）『「わかる」ということの意味』岩波書店	ともに、わかりなおす。	C・M
3	辻村深月（二〇一七）『パッとしない子』Amazon Publishing	悪意のない暴力	Y・M
4	河村茂雄（二〇〇五）『フリーター世代の自分探し』誠信書房	自分探しの方法	Y・M

5	北村薫（一九九九）『六の宮の姫君』創元社	文学を誘うミステリー	T・Y
6	鷲田清一（一九九八）『悲鳴を上げる身体』PHP新書	からだの声、聞こえてますか	I・R
7	逢坂まさよし（二〇一七）『「東京DEEP案内」が選ぶ首都圏住みたくない街』駒草出版	街選びを間違えないためには	O・T
8	荒川弘（二〇一一―二〇一二）『鋼の錬金術師』スクウェア・エニックス	技術と命をめぐる物語	G・T
9	高橋源一郎（一九八八）『ジョン・レノン対火星人』新潮社	ポストモダン文学のすすめ	T・K
10	ヤマダ著（二〇一四）『ぜんぶ女子校のせいだ！』KADOKAWA	世間よ、これが女子校の実態だ！	H・S
11	中島聡（二〇一六）『なぜ、あなたの仕事は終わらないのか』文響社	伝説的プログラマーの仕事術を知る	T・T
12	森見登美彦（二〇〇六）『きつねのはなし』新潮社	裏・森見登美彦のすゝめ	K・C
13	恩田陸（二〇一九）『蜜蜂と遠雷　上・下』幻冬舎	表現の宝箱	N・A
14	本多孝好（二〇一八）『dele』KADOKAWA	大切な記憶《データ》に出会う旅	M・Y
15	荒木飛呂彦（二〇〇五）『STEEL　BALL　RUN』集英社	大人への近道	M・T

映画名および映画評題紹介

	映画名	映画評題	評者
1	高畑勲〔監督〕（二〇一三）『かぐや姫の物語』スタジオジブリ	女である前に人間だという叫び	T・S
2	是枝裕和〔監督〕（二〇一八）『万引き家族』	重要なのは血縁か	I・K
3	ドゥニ・ヴィルヌーヴ〔監督〕（二〇一七）『ブレード・ランナー』（米SF）	人間らしさとは何か	S・N
4	スティーブン・ダルドリー〔監督〕（二〇〇〇）『リトル・ダンサー』（英ドラマ）	自分の信念と家族愛	D・M
5	庵野秀明〔監督〕（二〇一六）『シン・ゴジラ』	演技☆5、カメラ☆5、内容☆1	T・K
6	エドガー・ライト〔監督〕（二〇〇七）『ホット・ファズ―俺たちスーパーポリスメン！―』	日常に「おもしろい」をお手軽に	T・M
7	三谷幸喜〔監督〕（二〇一九）『記憶にございません！』	今の政治は未来の政治	I・M
8	ウー・ティエンミン〔監督〕（一九九六）『變臉―この櫂に手をそえて―』	「伝統」か「愛情」か	S・Y

9	ペイトン・リード〔監督〕（二〇〇九）『イエスマン』	YESは人生のパスワード	H・S
10	ロバート・ストロンバーグ〔監督〕（二〇一四）『マレフィセント』	真実の愛とは？ 新しい『眠れる森の美女』	H・Y

加藤典洋は『言語表現法講義』の中で、梅田貞夫・清水良典ほか著の『高校生のための文章読本』を、「とても自由で生き生きしたアンソロジー」（p.17）として紹介しています。「高校生のための」というよりも、大学生や一般社会人にとっても魅力的な作家と作品が幅広く選ばれているため、思いがけない出会いがあります。作文の方法についても、有益な手引きがついていますから、ぜひ一度、手に取ってみてください。

なお、この『高校生のための文章読本』の中（p.377）で、「良い文章」を次のように定義しています。『二百字作文練習』でも紹介しましたが、長作文でも同じように適用できますから、改めて紹介しておきます。

良い文章とは
自分にしか書けない（個性的・主観的）ことを
だれが読んでもわかるよう（普遍的・客観的）に書いた文章

【参考　書評1】

「夜明け前」生き抜いた女性たち
『遠の眠りの』　谷崎由依〈著〉　集英社　1980円
『朝日新聞』二〇二〇年（令和二年）二月一五日（土）17面「読書」

西野絵子《えこ》は福井の郊外の村で生まれた。嫡男《ちゃくなん》の弟とちがって自分は好きなだけ本も読ませてもらえない。〈ほんなにせな生きていかれんのか〉〈かあちゃんみたいになるんやったら、生きてても仕方ない〉。そう口にした絵子は家を追い出された。しばらくは親友の家で世話になるも、やがて地場産業の羽二重に代わって興隆しつつあった町の絹工場の女工になった。

大正から昭和初期にかけての十数年は、光と影のコントラストが特に強かった時代である。農村の経済は疲弊し、工場では労働争議が頻発し、その一方で都市では華やかなモダニズム文化が花開き、活字に親しむ女性が激増した。福井という地方都市を舞台に、そんな時代をギュッと凝縮したような小説である。

女工になった絵子はその後、福井にはじめてできた百貨店に魅了され、食堂の手伝いをしながらとはいえ百貨店に併設された少女歌劇団の「お話係」に採用されるのだ。支配人に君は何ができるのかと問われ〈お話が書けます〉とハッタリをかました結果だった。

もっとも本書はシンデレラストーリーとは無縁である。イプセンを読む絵子に工場の寮で「青鞜」を貸してくれ、後に労働運動の前線に立つ女工仲間の吉田朝子。羽二重の織り手の修行をしつつ苦しい恋を経験する親友の杉浦まい子。さらに大人の都合から10代で嫁に出された絵子の姉や妹。歌劇団の少女たち。絵子の目は「新しい女」にカウントされなかった身近な女性たちに向けられていく。

〈女たちという難民。わたしもまい子も、その一部なのだ。わたしたちはべつべつに、それぞれに戦ってきたのだと思った〉。そしてはじまった戦争の時代。朝子はいった。〈この戦争が終わるまで、生き延びて、逃げ切りましょう〉

性別を偽って少女歌劇団のスターになった少年・清次郎（キヨ）の存在も大きな魅力。朝を信じた夜明け前の人々の物語である。

評・**斎藤　美奈子**（文芸評論家）

【参考　書評2】

書評1に倣って、見出し（書評の題）をつけてみましょう。

『若い読者に贈る美しい生物学講義　感動する生命のはなし』更科　功〈著〉　ダイヤモンド社　1760円
『朝日新聞』二〇二〇年（令和二年）二月一五日（土）17面「読書」

地味ながら、とても楽しい本だ。生物とは何だろう？　少なくとも地球上の生物については①膜で囲まれており、②その膜を通してエネルギーと物質を出し入れし、つまり代謝を行い、③自分と同じものを複製する、という存在である。

そういう生物が、この地球でおよそ40億年前に生まれ、以後、いろいろな種に分かれ、絶滅もしながら現在に至ってきた。では、生物はどんな仕組みで生きて進化してきたのだろう？

本書は、膜の構造、代謝と発生と複製の仕組み、そして進化という、生物の本質について、現在わかっていることを平易に解説している。もちろん、章立てはあるのだが、どこから読み始めても惹《ひ》きつけられておもしろい。

高校までの生物の授業がつまらなかった大人たち、今、つまらないと思っている生徒たちも、本書を読めば生命の美しさに感動し、もっと知りたいと思うと、私は確信する。**評・長谷川眞理子**（総合研究大学院大学学長・人類学）

班活動1　読書情報の交換

↓巻末資料No.1　意見交換報告書　を使います。

数人の班⑷で、情報交換会を開きましょう。班ごとに班長と書記⑸を決めて、報告書に記入します。過去の受講生が選んだ書籍や3で紹介する書評の目の付けどころも参考にしてください。勧める相手はクラスメートです。基本は書物ですが、映画や演劇、広くサブカルチャー作品も含みます。なぜそれを勧めたいのか、理由も含めて自由に話し合ってください。メンバーからの質問の中にも、書評に盛り込むべき内容が潜んでいます。メモをとりながら、読み手の関心事項も探りましょう。

3 書評の目の付けどころ

書評を書く際には、次のような点を参考に、構想を深めましょう。

1. **内容紹介**　作品の趣意をそがない範囲での簡潔な紹介
2. **批評**　月並みではない、評者独自のものの見方
3. **文体**　評者のスタイル、あるいは、対象作品に見合ったスタイル
4. **エンターテイメント性**　読み手をひきつけ楽しませる魅力
5. **勧誘度**　積極的に読もうという気にさせる工夫
6. **スピード感**　出版・公開後の鮮度
7. **知名度**　著者（監督）あるいは評者の知名度の高さ

二　構想はアウトラインを作りながら

1 「型」を参考に構想を練る

アラン・モンローによる次のような「動機づけの順序」(6)をアウトラインの型として活用します。

（評者の氏名）　　　番号　　　　　　氏名
（対象作品）　　著〔監督〕　発行年（上映年）『タイトル』　　出版社（映画会社）
（書評の題）　　題　―　　　　　　　　―

動機づけの順序

第一　注意を引く段階　まず、話に興味を持たせ、注意を集める。
第二　必要を示す段階（問題の提示）　話に興味を持ち始めた人に、何が大切で、何が必要かを告げ、問題を提示する。
第三　必要を満たす段階（問題の解決法）　大切にして必要な問題の解決法を示し、必要感を満足させる。
第四　具体化の段階（証明）　問題解決法の実際を、具体的に目に見えるような形で示し、それがいかに有効な方法であるかを証明する。
第五　行動に導く段階　結論として、相手の決心をうながす。

書評につける題（仮でよいが、主題につながるものを）を考えながら、各段落の要素にふさわしい材料を配置していきます。考えを言葉に置き換え、全体の流れを一から五で確認しつつ構成を考えましょう。

→巻末参考資料No.2　書評アウトライン を使います。

2　アウトライン作成

アウトラインを作ることは最終目標ではありません。考えを整理し、深めるための手立てですから、気楽にメンバーに意見を求めましょう。読み手の意見から、修正、改善のための大きな手がかりが得られます。納得できる文章が書けるようになるためにも、忌憚なく批評し合える学習コミュニティーを育てましょう。

■書評アウトラインの評価規準

動機づけの順序に従っている

題が内容にふさわしい

読んで（観て）みようという気になる

アウトライン作成の際にも合評会でも、思いつきの感想をならべるのではなく、評価規準に沿うように心がけましょう。

班活動2　書評アウトラインの合評会

→巻末参考資料No.3　書評アウトライン合評　を使います。

合評する場合には、アウトライン用紙に合評用紙を添えて回覧します。回覧前には、事前の自己評価、回覧後には事後の自己評価を忘れないように記しましょう。事前の自己評価は、メンバーが批評する場合の大きな手がかりになりますし、事後の自己評価は、本文を記述する際に役立ちます。

次に三つのアウトライン例を紹介します。

アウトライン①は、授業時間に書いたアウトラインを学生同士が先に批評し合い、一度回収してから教師が赤を加えて返却したものです。

アウトライン②は、題材がおもしろく、典型的な勧誘文であるとして合評の班内で好評を博しました。東京在住の学生たちの興味に合致したことが、人気の要因でしょう。

アウトライン③は映画評です。本はあまり読まないからと、映画評で構想する学生が三分の一程度いました。

学生書評アウトラインおよび合評例 ①（赤字↑は教師、・イニシャル付きは班メンバー）

書名　恩田陸（二〇一九）『蜜蜂と遠雷』（上、下）幻冬舎

書評題　表現の宝箱　　N・A評

第一　注意を引く段階

・直木賞と本屋大賞のダブル受賞は史上初の快挙。　・書き出しが効果的　H・Y

・恩田陸は『夜のピクニック』でも本屋大賞を受賞している。　↑同感です。

・文庫化の他に漫画化、映画化と様々な媒体で世間の人の目に触れている。

第二　必要を示す段階（問題の提示）

・本を読む上で表現は非常に大切である。

・音楽を言葉で表すのは非常に難しい。

・吹奏楽でもオケでも、指揮者の指示が擬音語や指示語でも音楽では表現可能。

・文章ではどうしても抽象的になってしまうが、この作品は、それぞれの音の特徴を捉えている。

第三　必要を満たす段階（問題の解決法）

・四人の「春と修羅」のカデンツァ部分の比較。↑比較を具体化すると一層わかりやすくなります。

・風間塵以外は、曲に対する自分の想いや解釈がふんだんに盛り込まれている。

・塵だけはそれがない。代わりに行動が事細かに記されている。

第四　具体化の段階（証明）

・塵の演奏に対する反応を聴衆やライバルが説明することで、塵のことが理解できる。

・恩田陸の表現技法は読者を惹き込ませる。↑どのような表現技法か、説明してください。

・例えば、明石の二次予選落ちのシーンとか。

第五　行動に導く段階…結論として、相手の決心をうながす。
　　↑結論は、本文（既述部）に即した内容にしましょう。
・たくさんのピアノ曲が出てくるため、音楽をかけながら読むのも一興。
・二百字作文にも役立つような表現ばかりなので、ぜひご一読いただきたい。
・「音楽に限らず、何かに夢中になっている人、夢がある人に観てほしい!!」とかどうでしょう☺　H・Y
・何かを頑張っている人へのエールとなりそうです。　Y・S
・「凡才なりの生き方」を提案してみるのはどうでしょう?　I・M
↑批評は、感想や意見ではなく、書き手の表現に即し、評価規準に則ったものを心がけましょう。

学生書評アウトライン例②

書名　逢阪まさよし（二〇一七）『「東京DEEP案内」が選ぶ　首都圏住みたくない街』駒草出版

書評題　「住みたい街」は「住みやすい街」ではない　O・T評

第一　興味をひく段階

　本書は長年街歩きをしている著者が独断と偏見に基づいた首都圏の街々のタウンガイドである。しかし、目次の初めに「『住みたい街』と『住みやすい街』は違うよ、全然違うよ!」と述べられているようにリク○ートやス○モが毎年発表する変わりばえのない「住みたい街ランキング」などとは違った視点から切り込んだ独特な一冊である。

第二　必要を示す段階（問題の提示）

私たちはどうやって自分の住む街を選べばいいのだろうか？

第三　必要を満たす段階（問題の解決法）

完全無欠の理想の街は存在しないので消去法で選びましょう。

第四　具体化の段階（証明）

首都圏全域を「甘すぎて無理ゾーン」「似非セレブすぎて無理ゾーン」「意識高すぎて無理ゾーン」「紛争地帯すぎて無理ゾーン」「貧乏臭すぎて無理ゾーン」「通勤難すぎて無理ゾーン」「陰気臭すぎて無理ゾーン」など地域を特徴ごとに分けてくれているので、自分にあった街を選ぶことができる。

第五　行動に導く段階

五〇〇ページもある本書には自分がかつて住んでいた街、住んでいる街、住みたいと思っている首都圏の街が必ず載っているはず。それらの街の負の側面を存分に堪能できる。

学生映画評アウトライン例 ③

映画名　是枝裕和〔監督〕（二〇一八）『万引き家族』

映画評題　「家族」とは何か

I・K評

第一　興味をひく段階

「万引き」という衝撃的なタイトル

第七十一回カンヌ国際映画祭において、最高賞であるパルム・ドールを獲得

第二　必要を示す段階（問題の提示）

家族とは何か
現代の社会が抱える家族問題
第三　必要を満たす段階（問題の解決法）
つつましくも幸せに暮らす六人家族がじつは抱えている秘密
第四　具現化の段階（証明）
血縁関係はなく、世間から非難される家族だが、誰よりも絆は強い
DVを受けていた子どもが気づかれることなく、親元に返されてしまった
第五　行動に導く段階
「家族」のあり方や、社会問題について考えさせられた
これから親元を離れたり、家庭を築くことになる大学生に観てほしい

動機づけの順序は、どの学生もよく守っています。ただし、批評に関しては問題がありました。初めてのせいでしょう、①の批評例からもわかるように、評価規準や書き手の表現に即さない批評が見受けられました。

ステップⅡからは、教師の赤や通信を用いた一斉講評を示しつつ、評価規準を観点に、表現に即したコメント（批評）を心がけるよう注意を促します。

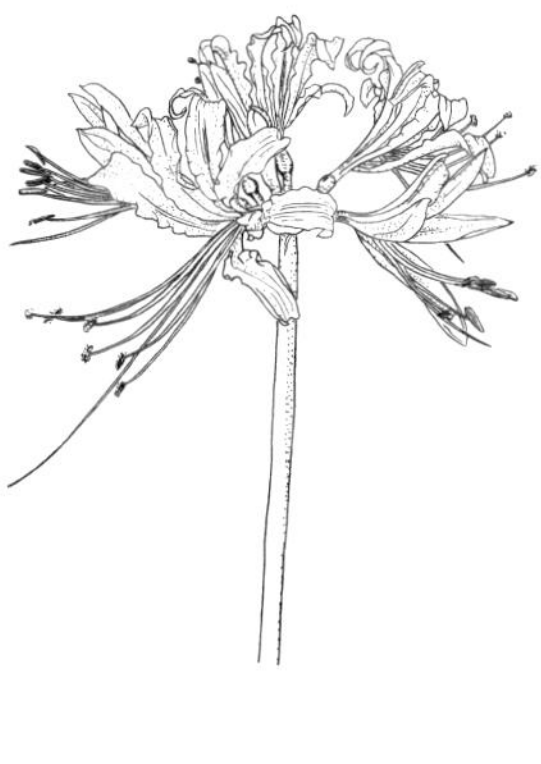

三　記述と推敲

1　草稿の作成

班活動2の合評を参考に、各自アウトラインを再考し、改定版のアウトラインを基に書評の草稿を書きます。この作業は授業時間外の宿題です。

草稿は完成稿ではありません。アウトライン第一から第五の見出しを中心文(7)にして、段落を積み上げていきます。修正の機会は批評会の後にも設定されていますから、完璧を目指さずに、まずは最後まで書き上げましょう。草稿を準備して、班活動3に進みます。草稿がないと合評会の価値が半減しますから、必ず草稿を持参しましょう。

〈確認事項〉字数と書式　**四百字原稿用紙4枚**（一六〇〇字）**以内、縦書き**（**ワードを原稿用紙設定にし、「原稿用紙の使い方」**(8)**に従って印字**）

■書評草稿の評価規準

動機づけの順序に従っている

題が内容にふさわしい

読んで（**観て**）**みようという気になる**

班活動3　書評草稿の合評会

→巻末資料No.4　書評草稿合評　を使います。

2　提出稿

次の書評例は、草稿の合評会を終えた後で、批評を参考に推敲し、公開されたものです。まだまだ改善点は探せそうですが、アウトラインも作らず、他者からのチェックもなしに書いたものに比べれば、格段に読みやすく、まとまっています。班活動2と班活動3の評価規準は同じです。

さて、これらの作品は、ステップⅠの課題である「型」を活用して「読んでみようという気にさせる」という書評の目標を達成できているでしょうか。

学生書評例 ①

恩田陸（二〇一九）『蜜蜂と遠雷』幻冬舎

表現の宝箱

N・A評

直木賞と本屋大賞のダブル受賞。これは史上初の快挙である。作者の恩田陸は、二〇〇四年にも『夜のピクニック』で本屋大賞を受賞しているベテラン作家だ。この喜ばしいニュースを引き金に、『蜜蜂と遠雷』は漫画化、映画化と、媒体を変え世に出ることとなった。

この作品の舞台は、国際ピアノコンクール。コンクールとだけあって、音楽に関する描写がかなり出てくる。音楽をやってきた者なら分かるが、音を言葉で表すのは非常に難しい。これは吹奏楽でもオーケストラでも、はたまたピアノであっても難しさは変わらない。指揮者が擬音語や指示語で何となく言ったことを楽器で表現することは、経験者であればさほど手こずることではない。

それでも、媒体が紙面となると話は別だ。音楽を文字に起こそうとすると、どうしても抽象的になってしまう。強く、柔らかに、哀愁漂うように、リズミカルに。どのように工夫しても薄っぺらい表現になってしまうのだ。

しかし、『蜜蜂と遠雷』は違う。主人公である四人の演奏者の音の特徴を非常に緻密に捉えている。特に、コンクール第二次予選の課題曲、「春と修羅」のカデンツァ部分に顕著に表れている。

また、『蜜蜂と遠雷』は、音だけでなく心情描写も巧みである。コンクールへのエントリーから本選までを描く中、一人を除いて曲に対する自分の想いや解釈がかなり詳細なところまで書かれている。だがその一人、一六歳の少年である風間塵に限っては、内心の説明が全くされていない。その代わり、彼の行動を一つ一つ丁寧に追い、聴衆やライバルたちの彼に対する反応を細かく描写することによって、彼の不思議さや圧倒的な才能を読者に見せつけている。

このような恩田陸の表現技法により、読者は魅了されるのである。例えば、出演者最年長で「普通の人」代表である高島明石が、二次審査で落選した場面の描写が例として挙げられる。

実際に二次審査や三次審査に通るのは、音大でトップクラスの実力を誇る者や、権力のある教師がバックにいる者というのが現実だ。恩田陸は、小説ながらこの現実を受け入れ、「普通の人」で特別な才能はない明石を蹴り落とした。このシビアさがよりリアリティーを増長させ、読者を惹きつけるのだ。

これまで述べてきたように、『蜜蜂と遠雷』には、恩田陸の表現技法を筆頭に惹きつけられるものがある。表現技法は二百字作文にも応用できるものがたくさんあるため、学習という面でも利用できる。まるで本から音が聴こえてくる、ピアノのような作品なので、是非一度味わっていただきたい。

学生書評例 ②

逢坂まさよし（二〇一七）『「東京DEEP案内」が選ぶ　首都圏住みたくない街』駒草出版

街選びを間違えないためには

O・T評

本書は長年様々な街歩きをしている著者が首都圏の街々について書いたタウンガイド本だ。しかし、巷に溢れる街のおすすめスポットやグルメに焦点を当てる本ではない。ひたすら街の負の側面を書き連ねた本である。他のメディアでは人気のある吉祥寺や自由が丘、下北沢がボロクソに書かれている。筆者に言わせると吉祥寺は「人多すぎ浮かれすぎ家賃高すぎ」自由が丘は「いかにも小金を持ってて幼稚園児にすらブランド服を着せて歩いているような家族連れやスイーツな店が多すぎて窒息死しそう」だという。

ここまでの話を聞くと個人の独断と偏見に基づいた下品なサブカル本にも思えるが、実はタウンガイド本として優れている。筆者は冒頭で『住みたい街』と『住みやすい街』は違うよ、全然違うよ！」と述べている。その土地に憧れを持っている人と実際にその土地に住んでいる人の意見には、大きな差があるのだ。不動産会社が発表する「住みたい街ランキング」などは都合の良い「不動産会社が今売り出したい街ランキング」といっても過言ではない。では、どのようにして自分の住む街を選べばいいのだろうか。そんな時に本書を活用することができる。

大前提として「家賃が安くて交通の便も良く治安も良い」なんて街は存在しない。なので「住みたくない街」を選択肢から外していくことで消去法的に「住みたい街」を探すのが賢明だろう。本書では五〇〇ページにもわたり著者が思う住みたくない街々について書かれている。べた褒めされているような街はなく、どの街も悪い部分ばかりピックアップされているので、ある意味公平である。

人によって、「住みたくない街」の基準は様々だが、「甘すぎて無理ゾーン」「似非セレブすぎて無理ゾーン」「意識高すぎて無理ゾーン」「紛争地帯すぎて無理ゾーン」「貧乏臭すぎて無理ゾーン」「通勤難民すぎて無理ゾーン」「陰気臭すぎて無理ゾーン」と七つに分類されているので、好みや正確によって自分の住みたくない街を選びやすい。

例として埼玉県八潮市を見てみよう。八潮市は一見すると都心へのアクセスもいいし、駅徒歩圏内の物件でもかなり家賃が安い。不動産屋もそのようなメリットを前面に押し出している。しかし、本書を読むと実際はオウム真理教の後継団体「アレフ」の本部があったり、近くで女子高生がコンクリート詰めにされる事件があったり、ヤクザの関連施設が多かったりと、普通の人なら絶対に住みたくない街であることが分かる。

このように「住んでみたいな」と思った街を一旦本書で調べてみると街選びを失敗しないで済むかもしれない。

学生映画評例 ③

是枝裕和【監督】（二〇一八）『万引き家族』

重要なのは血縁か

I・K評

「万引き」はれっきとした犯罪行為である。本作が公開された二〇一八年六月、「万引き家族」という衝撃的でストレートなタイトルに興味を惹かれた人も多いのではないだろうか。そんな背徳を感じさせる本作は、第七十一回カンヌ国際映画祭において、最高賞パルム・ドールを獲得している。世界的にも認められた作品なのである。

公開前は「万引きを肯定するのか」と批判的な意見も多く集めたようだが、本作は決して万引きを是認するものではない。映画館に出向いた私がエンドロールの間に感じたのは、本作のキーワードは「万引き」以上に「家族」であるということだ。昭和時代には「家」意識が強かった日本であるが、現代では、核家族化の進行や独居老人の増加、鍵っ子や孤食の増加など、家族の個別化が進んでいる。現に私も家族と離れて一人暮らしをしている。そんな中「万引き家族」では、昭和を感じさせるごちゃごちゃした狭い家に六人で暮らす家族にクローズアップしている。

みんなでちゃぶ台の上の鍋を囲み、同じ部屋に布団を並べて寝る生活。家族の日々では笑顔が絶えない。一見貧乏ながらも幸せに暮らしている家族だが、実はそれぞれが社会の闇を背負っている。まず彼らは、誰一人として血がつながっていない。夫婦は籍を入れていないし、妻の妹は家出娘。二人いる子どもも、どちらも拾ってきた子だ。彼らは老婦人の年金を当てにして、独居という体の彼女の家に住みつき、足りない分の生活は万引きで賄っている。誰も定職についておらずギリギリの日々で、子どもにも犯罪を手伝わせている。言うなれば社会の底辺の生活だ。「万引き」という行為の持つ「世間の目から隠れてこそこそする」というイメージが、家族のあり方にも当てはまるのだ。

万引きに誘拐。血縁関係もない彼ら家族のあり方は、世間から非難されて当然のものである。最後には「偽物だ」と決めつけられてしまう。しかし血はつながっていなくとも、彼らは誰よりも「家族」であり、強い絆で結ばれていたはずだ。お腹を痛めて生んでいなくとも母は母であったし、拾ってきて無責任に育てていても父は父であった。いっぱいいっぱいの生活の中で、血のつながりを超えた愛情が生まれていた。

血がつながっていても愛のない家族も多い。夫婦が拾った娘は、実の親から虐待を受けていたところを連れ出されたのだった。本当の娘のようにかわいがられ愛されていた彼女は、最終的には暴力をふるう親の元に返されてしまう。警察もメディアも虐待の事実に気づくことはなかったのだろうか。ちょうど本作の公開と同時期に、両親から虐待を受け死亡した五歳の女の子が「ゆるしてください」とノートに書き残していたという、あまりにも悲しい事件が報道されていた。小さな子どもは自分で親から逃げることができない。周りが気づいて助け出してあげなくてはならないが、近所との付き合いが希薄な昨今ではなかなか難しいことなのだろう。痛ましい児童虐待のニュースが増えているように感じる。他人に関心を持たない冷たい現代社会の負の面を、ひしひしと感じた。

万引きという犯罪行為を働いているが、家族がばらばらになりつつある現代で、笑顔を絶やさない家族の姿はうらやましく感じられた。家族に重要なのは血縁ではない。最近は同性婚やシェアハウス等様々な家族のかたちが広がっているし、法的な関係や血縁に縛られるのは時代遅れである。一つ屋根の下で生活をするうちに絆が芽生えるものなのだ。近所も巻き込んで交流ができれば、虐待のような家庭の問題を減らすことができないだろうか。

「家族」のあり方や、現代社会の家庭問題について考えさせてくれた「万引き家族」。現在親を疎ましく思っているという友人の話をよく聞くが、これから親元を離れ、家庭を築くことになる大学生にこそ本作を観てほしい。

特別追加　学生書評例　④

中島聡（二〇一六）『なぜ、あなたの仕事は終わらないのか』文響社

伝説的プログラマーの仕事術を知る　T・T評（引用者による傍線と段階ごとの要約紹介）

第一　注意を引く段階

ダブルクリックでファイルが開く。右クリックでメニューが表示される。Windows のこれらの機能を普及させた立役者が、本書の著者・中島聡だ。…（中略）… Windows95のチーフ設計者として活躍したそんな伝説的プログラマーが、自身の経験から得た仕事のノウハウを記したのが本書である。

第二　必要を示す段階（問題の提示）

本書ではまず、マイクロソフト時代に中島の部下だった二人の天才のエピソードが紹介される……どちらも、悪い例として。彼らは極めて優秀なプログラマーでありながら、異なる理由によって時間内に仕事を終えることが出来ない。一方は作業の所要時間を見積もる能力に乏しく、もう一方は締め切り目前に仕事を増やす。…納期を守れない二人は、先進的なアメリカ企業であっても活躍することが出来なかった。

二人の天才のエピソードは、締め切りを守ることの重要性を確認させてくれるだけでなく、我々の仕事が終わらない原因を示唆する。ラストスパート志向こそが諸悪の根源だと中島は言う。では、どうすればラストスパート志向を脱し、仕事を予定通りに終わらせることができるのだろう。

第三　必要を満たす段階（問題の解決法）

そこで提案されるのが、「ロケットスタート時間術」という考え方だ。これは一言に集約するなら「最初の二割の期間で、八割の仕事を終わらせる」という理念である。例えば、もし五日後が締め切りの仕事なら、最初の一日で大部分を終わらせることになる。

第四　具体化の段階（証明）

ロケットスタート時間術では、最初から全力で仕事に取り組むことで、仕事の真の難易度を測定することができる。だから直前になって「こんなに手こずるはずじゃなかった」と慌てることがない。また、仕事の大部分の期間において精神的に余裕を持って取り組むことができる。心の余裕が創造性に寄与する…。

第五　行動に導く段階

本書では、ロケットスタート時間術を実践する方法が事細かく説明され…（中略）…様々なメリットが具体的に語られる。…（中略）…ライバルチームとの社内裁判に勝利し、四百人規模のチームをビル・ゲイツに解散させた場面は特に圧巻…。ビジネスの第一線で活躍してきた中島にしか書けない臨場感あふれるエピソードの宝庫であり、実用書としての役割を差し引いてもすこぶる楽しい。

完成稿はウェブサイトに公開(9)し、クラスのみんなで共有しましょう。
（推敲と公開作業は授業時間外の宿題）

書きっぱなしでは、学習成果を積み重ねることができません。班メンバーからの批評を参考に、推敲してクラス全員の目に触れる場に公開します。限られた授業時間内に、全員の文章を読み合うことは困難ですが、ウェブサイトを活用すれば、各自が好きな時間に楽しめます。クラスメートの作品に刺激を受けて、次の課題に挑戦しましょう。

ちなみに、学生作品例①の書評『蜜蜂と遠雷』、③の映画評『万引き家族』は、共に学習当時に話題となっていた作品で鮮度が高く、目標達成（読む気にさせる、観る気にさせる）に一役買いました。また、書評例②は、東京という大都市に住む学生の需要に合致し、④については、キーワードの「ロケットスタート時間術」と「ラストスパート志向が諸悪の根源」がクラスの現状を示しているとして共感を呼びました。課題の提出が遅れがちなのを自覚していたのでしょう。「ロケットスタート時間術」は、前向きに課題提出するためのタイムリーな合い言葉となりました。

社会現象や個別の需要をさぐるという側面は、作品選びのヒントになります。

注

（4） 教師が班分けをする。5人が目安。話し合いだけなら6人でもよいが、長文の合評の場合は4人の方が時間に余裕がある。年間を通じてメンバーが入れ替わるように配慮が必要。草稿の批評は、アウトラインの批評会と同じメンバーにしたほうが作成過程がわかり批評がしやすくなる。

（5）班長は司会、書記は記録係。司会者は、限られた時間内に話し合いを有意義に進行させる責任を負う。書記は、わかりやすく整理して記録する。なお、報告書は、出欠確認と通信での情報共有のための資料として使用する。
（6）Alan H.Monroe, Motivated Sequence Pattern
（7）パラグラフ・ライティング『二百字作文練習』p.102
（8）『二百字作文練習』巻末資料2　pp.166-168
（9）大学内の学習支援ソフト（Course N@vi）を使った。

ステップⅡ
評論で読み手を説得しよう

一　何を論題にするか

1　課題と条件の確認

評論は、論証によって読み手を説得する文章です。日ごろ、何気なく考えてはいても、改めて論証となると戸惑うものです。どんなときにも、人を納得させる考え方ができるように、物事を批判的に考え、論証する力をつけましょう。

言葉は伝達の機能をもつだけでなく、自身の考えを明らかにする手段でもあります。初めは何気なく感じていただけの意識（主観）を言葉に置き換えていくと、やがて客観（普遍）的な「考え」（主張）として固まってきます。体験に引き寄せて、身近な事柄を基に考えを深めていきましょう。

評論の学習目標と条件

読み手を共感、納得させる文章を書く

「型」を使って論証する

字数は、一六〇〇字以内。ワード原稿用紙設定（縦書き）

2　これまでの学生による論題および参考評論

どのような論題（問い）を立てるかによって文章のできが大きく左右されます。広く、深く、ダイナミックに考えをめぐらし、独自の問いを立てましょう。

題や副題は、本文の内容を端的に示します。題と副題は、問いと答え、原因と理由、一般と特殊、過去と現在など、何らかの関係で主題に関わるキーワードが並べられているものです。例を見ながら、本文の内容を推測してみてください。

〈これまでの受講生による論題と副題例〉

・「炎上」はなぜ起きるのか　―SNSで暴かれる集団心理―
・SNSで知り合う方が親しくなれる論　―情報の海で出会った僕ら―
・ユーチューブドリーム　―ユーチューブは甘い世界ではない―
・生徒の心に寄り添う教員を増やすために　―時間的・精神的余裕を―
・アニメ実写化の可否を問う　―擁護派と反対派の意見から―
・性教育はこのままで良いのか　―経験に基づく現状と外国の例―
・大学入学共通テストは教育格差を拡大するか　―都市部と地方受験生の比較―
・大学入試新共通テスト「実用的な文章」の導入　―社会性を営むための国語力―
・教師の多忙化　―TT制の導入―
・小1プロブレムを解消するために　―学校教育はチームプレー―
・日本の異様なハロウィン　―変容する文化、変わらない目的―
・虐待を減らすために　―子どもは社会が守る―
・過重労働　―勤勉を止める人はいない―
・中学生の部活動の在り方　―部活動が消えていいのか―
・若者の活字離れ　―文化の多様化に併進する問題―

【参考　評論1】

感染症と社会　誤情報に踊らされずに

新型コロナウイルスの感染拡大につれ、デマや誤った情報が社会に混乱を引き起こしている。トイレットペーパーやティッシュペーパーなどが、各地の店頭で品切れとなったのがその典型だ。

「中国から輸入されなくなる」「マスクと原料が同じ」といった、根拠のない噂《うわさ》がSNSなどで広がった。実際は、ほとんどが国産で、在庫も十分ある。しかし、デマかもしれないとわかっていても、現実に品薄となれば、買いだめに走る消費者心理も無理はない。

社会不安は、小さな発火点から、瞬く間に全国に広がることもある。飛び交う情報をうのみにせず、根拠は何か、発信源は確かか、真偽を見極め、冷静な対応を心がけたい。

今回のウイルスは「新型」ゆえに不明な点も多く、不安が増幅されやすい。その隙をつくように、感染者や感染経路、予防法、治療法、はては陰謀論に至るまで、不確かな情報がまことしやかに流される。

世界保健機関（WHO）は、ウイルスの世界的な大流行（パンデミック）とともに、デマや誤情報が急速に拡大する「インフォデミック」への警戒を呼びかけた。02～03年の重症急性呼吸器症候群（SARS）の時より、グローバル化は一層進み、情報は一瞬にして国境を越える時代である。

SNSやインターネットの拡大は、多くの情報を基に正しい判断を導く助けとなる一方で、真贋《しんがん》を見抜く困難も伴う。相互依存が格段に進んだ世界で、ウイルスも誤情報も、その伝播《でんぱ》を完全に止めるのは難しい。

そんななか、政府に求められるのは、できる限り正しい情報を、迅速に、わかりやすく、根拠を示して伝えることだ。いくら発信を重ねても、その裏付けがあいまいであっては、かえって人びとの不信を招いたり、不合理な行動を誘発したりしかねない。

感染症をはじめ、各分野の専門家の知見に、政府は耳を傾けねばならない。そして、経済、社会への影響を多角的に検討したうえで対策を打ち、国民に丁寧に説明する責務がある。

歴史をひもとけば、大地震などで社会に不安が広がった際、特定の民族や社会の少数派などを対象にした悪質なデマが流布されてきた。先が見えない混迷の中で、人は容易に偏見にとらわれる。そのことを自覚し、的確な行動につなげたい。

新型ウイルスの終息時期は見通せず、社会全体にとって難しい局面がしばらく続くだろう。事実に基づき、正確な情報を発信する。メディアの重い役割も肝に銘じたい。

「社説」『朝日新聞』二〇二〇年（令和二年）三月八日（日）11面

【参考　評論2】

文武両道だけでなく　体育会、社会と交わろう

早稲田大ア式蹴球（サッカー）部員　中山《なかやま》　尚英《なおひで》

大学の体育会による不祥事が話題になる度に、どうすれば良い立ち居振る舞いができるようになるのか、私たちは考えてきた。所属している早稲田大学ア式蹴球部（サッカー部）は2年前、アメリカンフットボールでの危険タックル問題の時も全部員で話し合った。

「スポーツは教育」と言われる。しかし、レベルが上がる中で激しい競争に勝とうとして、24時間スポーツに注ぐ日々では、選手の視野は狭くなる。教師の顔色をうかがって、指示を待つことの繰り返しでは、自分で判断する力も養えない。

不祥事防止のために、自覚を促し研修をすることもある。しかし、それだけで、社会での責任ある言動とは何かを判断できるようになるのは難しい。そこで、各運動部ごとに、何か社会と関わる活動をもつことを提案したい。

私が入学した3年前、すでに早大サッカー部には「地域貢献担当」がいて、毎月、子ども向けサッカー教室を開いていた。翌年、当時の4年生が、世界をもっと広げようと、名前を「社会貢献担当」にし、重度障害児や障害者のサッカーの支援も始めた。現在、私は選手でもあり、その担当のリーダーでもある。

活動は社会の中の自分を意識する機会を与えてくれる。相手が何に困っているのか、その人の立場に立って何ができるのかを考える。

放課後デイサービスの課題は、重度障害児が、外で思い切り身体を動かし声を出すことができず、本人も家族もストレスを抱えやすいことだった。外で安全に遊ぶのに、十分な人員がいないからだ。そこで、部のグラウンドを提供し、部員で見守りを増やして外遊びの機会を提供した。

これらの活動は月に平均2回、そのミーティングは3週間に1回ほどしている。負担は少なくないが、一昨年度はリーグ優勝し、苦しんだ昨年度も1部残留できた。交流する色んな子どもたちが、試合の応援にきてくれる。自分たちの立ち居振る舞いで、がっかりさせることがないようにという意識も高まる。早大サッカー部には、他に広報担当や、集客担当という部門もある。部外の人に接して自ら考えるこれらの活動経験は、社会に出てからも役立つ。

ただ、強制では効果は薄れる。高校時代の部も、子ども向けサッカー教室を開催していたが、私は「休みを潰して意味があるのか」と思っていた。だから、活動の内容や手法は部員自身が考える方がいい。

今、大学で部活動の改革が叫ばれている。部活の目的は、人間として成長することにあるから、「文武両道」だけでなく、社会とつながりをもつ活動も重視していいと思う。


「私の視点」『朝日新聞』二〇二〇年（令和二年）四月二日（木）11面

広く社会の動きと同時に身近な自身の活動にも目を向けましょう。その中で、気をつけるべきこと、自ら果たすべき役割について、詳細に考えを深めていくことが、説得力と共感につながる文章を生みます。書く立場になって身の回りの評論を読んでみると、参考になる視点がいくつも見えてくるはずです。

班活動1　論題の意見交換

→巻末資料No.1「意見交換報告書」を使います。

「何を書けばよいかわからない！」という声をよく聞きます。どんな論題なら書けそうか、過去の学生の論題を参考に、班に分かれて意見交換をしてみましょう。

ブレーンストーミング方式で思いついたことをどんどん発言し合います。メンバーからも気づいたことを言ってもらい、話し合いながら、書くべき問いを選びます。

話し合いは論題決定のみならず、取材にも役立ちます。メモをとりながら、書くに値する論題を見極めましょう。メンバーの質問を受けながら、既にある知識や経験をもとに応答がつながるようなら、論題として有望です。返答に詰まった点は事前に調べることもできます。聞き手の反応から興味・関心の所在や、論点を見極めることも可能です。貴重な意見交換の場を活用しましょう。

論題を見つけると同時に、それに関して主張したいことや取り入れたい題材を使って、仮（後で自由に変更）の副題も考えます。何をどう書きたいのか、焦点を絞り込みながら思考をめぐらすことがアウトラインの作成につながります。

書き手にも読み手にも**関心のある**題材を選びましょう。ただし、関心があるからといって十分に知識のない題材の場合は、一般論や感情論になりがちです。書き手が**よく見知っていて、経験も豊富**な題材が思考を深め、説得力ある文章につながります。論点は広げすぎず、条件として決められた字数の範囲内で論ずることができるように**範囲を絞る**ことも大切です。

論題決定時に多い学生のつぶやき

① いつも論題が決まらず、無理やり書くため、あまり熱を持って文章が書けずに困っています。Y・C
論題案　教員の人手不足　　副題　—「良い先生」になるために—
論題と副題の関係がつかめません。このように、よく考えないで適当に書き始めてしまうと、結局は行き詰まってしまうことになります。何を取り上げ（論題）、それについてのどのような主張（副題）を訴えたいのか、方針を立ててから根拠の探索にかかりましょう。

② いいテーマが思いつかなかったです。N・H
論題案　若者の社会関心の低下　　副題　実体験から
論題が一般論ならば、副題は現実的で具体性のあるものが求められます。抽象的な議論で終わらせないためにも、読者のイメージを喚起する、具体的な事例を取りあげて考えを深めましょう。

③ 論題が見つからないことを逆手にとった批評だが、伝わるかどうかわかりません。S・S
論題案　無関心が多すぎる　　副題　論題が見つからない
正面から取り組むほうが得策です。策を弄するのは慣れてからの方がいいでしょう。このまま書き始めては、①や②と同じ経過をたどります。

二　アウトライン(10)（「型」）で、取材、配列、主張の可視化を

1　構成のモデルを使って構想を練る

文章構成の「型」には次のようなものが知られています。
「起」「承」「転」「結」　…漢詩の句の並びが応用された文章の組み立て
「発端」「経過」「結末」　…物語の組み立て

「序論」「本論」「結論」……論説に多い組み立て

評論には、「序論」「本論」「結論」の3部形式が便利です。同じ3部でも、物語の型との違いは、「序論」で必ず「問い」（論ずる内容）を示し、「結論」で**「答え」**を出すということです。さらに、「本論」部においては、「問い」から「答え」（主張）にいたる筋道を、読み手が共感、納得できるように、論理的に書き進めます。「型」は、時間をかけて精錬されてきたがゆえに頼りがいがあります。

書評では、**「動機づけの順序」**を「型」として活用しました。評論では、次に示す「型」（構成と要素）を参考に文章を組み立ててみましょう。**型通りに書くことが目的ではありません。「型」に導かれて思考を深める**のです。やみくもに書き始めず、「型」に沿って取材を進め、同時に文章の題や副題も考えながら、徐々に思考を深め主張を明確にしていきましょう。

評論の「型」

論題

—副題（必要なら）—

論旨（主張）

序論

1 「問い」（論点）を明らかにする。

＊「答え」（主張）を簡潔に記す。（頭括型）

本論

2 主張の根拠・理由①

3　主張の根拠・理由②
4　①と②から「答え」（主張）を導き出す。
（必要に応じて段落数を増やす）
結論
5　「問い」に照応する「答え」（主張）によって文章全体をまとめる。（尾括型・双括型）
＊　三部形式は、本論の段落数を増減することでどのような字数にも対応できる。

トピック・アウトライン（「語」や「句」による簡単な見出しで全体の流れを図式化したもの）

〈例〉

論題　いじめをなくすために　―相手の気持ちを理解しよう―

論旨（主張）　自分以外の人の気持ちを理解しようとすることがいじめ防止につながる。

① いじめは相手の気持ちに対する想像力の欠如　（主題提示による導入）
　（話題提示のみの導入も可能）　頭括型
② いじめられる側の心理　（中学時代、不登校にまで追い詰められた友人）
③ いじめる側の心理　（おもしろ半分、相手の気持ちは蚊帳の外のいじめっこたち）
④ 相手の気持ちを斟酌する想像力の欠如　（②と③から言える中まとめ）
⑤ 両方の立場を身近で経験　（④の強化　頭括型の場合はここで結ぶ）
⑥ 相手の気持ちの理解がいじめ防止に　（主題の再提示によるまとめ）　双括型
　（①で主題を提示しない場合）　尾括型

センテンス・アウトライン（各項目を、文単位で、わかりやすく書き記したもの）

〈例〉

論題　ジェンダーフリー　―らしさという壁を越えて―

論旨（主張）　その人らしさこそがジェンダーフリーである。

①　昔から言われる「男らしさ」「女らしさ」が消えたらどうなるのか。（話題提示と問いかけによる導入）

②　昔は、生まれる前から、名前やランドセルの色で決まった男女の区別があった。（昔のジェンダー）

③　現代では、男女の区別が減り、職業もジェンダーフリーが拡大している。（現代のジェンダーフリー現象）

④　文化や風習に囚われず、個人に合ったものを、性別に関わらずに選ぶ時代がきた。（②と③から言えること）

⑤　「男らしさ」「女らしさ」を越えた、その人らしさこそが、本当の意味でのジェンダーフリーだと思う。（問いに対する答え（主張）の提示によるまとめ）　尾括型

↓　巻末資料№5　評論アウトライン　を使います。

2　アウトライン作成

構想の過程では、材料を差し替えたり主題を確認したりする作業を何度も繰り返します。思いを言葉に置き換えて思考を深めていきます。その意味では、トピック・アウトラインの方が手早く作業ができるでしょう。センテンス・アウトラインは、できあがった文章の構成を確かめるために構成図を作るような場合にふさわしいと言えます。いずれにせよ、思い浮かべたことを、言葉に置き換えて、図式化することが、思考の深化を助けます。

また、この過程で第三者の意見を得ることは貴重です。助言を得ることで自身の誤解や曲解が訂正でき、発想が広がるとともに、新しい根拠を発見したり主張が変化したりすることもあります。このプロセスが書き手の思考を確かなものにし、表現の工夫につながるのです。アウトラインが最終目標ではありません。創造（新しい考

えの発見）のためのスプリングボードなのだと考えましょう。

班活動2　評論アウトラインの合評会

↓巻末資料No.6　評論アウトライン合評　を使います。

■評論アウトライン評価規準

・首尾が照応している（問いを立て答えが導かれている）
・主張が明瞭である
・根拠と理由がわかりやすく配置、考察されている

学生評論アウトラインと合評例　①（傍線は改訂部、赤字の↓は教師、・イニシャル付きは班メンバー）

題　「**教員いじめ**」**のニュースから考える教師の在り方**

・題の最後に「教師像」や「～の在り方」等を入れた方が明確にテーマを押し出せる気がします。N・K
・同感です。I・M

副題　**―子どもの見本となる一人の人間に―**　**H・Y**

事前自己評価

センシティブな内容を扱うため、事実を正確にしっかり並べて論じたい。説得力を持たせる根拠を挙げてまとまりのある論を目指した。②と③は、どちらもいじめられる側に視点を置いた。字数配分に不安あり。

・字数配分が詳しく書かれていて文章を書き慣れているように感じた。Ｓ・Ｓ

①「教員いじめ」のニュースによって、教師の在り方を再確認する必要が出てきた。
教師の在り方とは？　**…話題提示と問いかけによる導入　①二〇〇字程度**

②子ども間のいじめの特徴（主にいじめられる側に視点をおいた心理や対応）**…根拠となる事例**
③教師間のいじめの特徴（主にいじめられる側に視点をおいた心理や対応）**…根拠となる事例**
④につなぐために、②と③はどちらも「いじめられる側」に焦点化してはどうですか。
↓　教師による事前の赤
②③合わせて三〇〇〜四〇〇字程度

④いじめられる側の違い（いじめられていた教員の子ども達へのメッセージを利用し、救いを求めることが出来ず潰れてしまった大人のいじめの悲惨さを示す。また、それが小学生達に与えた影響とは。
②③からいえること三〇〇〜五〇〇字程度

⑤高校時代、同学年の先生同士の不仲が原因で鬱病になり休職した教師がいたエピソード。
および、その噂を聞いたときの私たち生徒の教師に対する不信感。
④の援用…二〇〇字程度

⑥子どもたちの見本となる感性を持ち、人や社会と共存していく一人の人間の姿を見せ続けること。
これこそが、教師の在り方だ。
主題によるまとめ・尾括型…三〇〇〜四〇〇字程度

・「見本となる感性」とは、どのような感性でしょうか。Ｉ・Ｍ
本論の内容に沿ったまとめをしましょう。↓　教師による事前の赤

事後自己評価(11)

題に対してのアドバイスが非常に的確で納得したので「考える」のあとに「教師の在り方」を入れて修正した。

アドバイスありがとうございました。

学生評論アウトラインと合評例　②（赤字の↓は教師、・イニシャル付きは班メンバー）

題　日本人とキャッシュレス決済

副題　―現金志向を乗り越えられるか―

D・K

事前自己評価

思いつくまま段落を並べているが、これで一本論理が通っているか不安だ。もしかして②③は一つにまとめられるだろうか。キャッシュレス決済自体の魅力があまり伝わらないだろうか。

「キャッシュレス決済自体の魅力」を③で十分に伝えましょう。↓教師の事前の赤

海外のキャッシュレス決済の現状と言っても、ニュージーランド一か国しか見たことがないので、経験から語れることは限られてしまうなと感じている。問いに「海外と比べる」とあるので、わずかでも海外体験の例があると説得力が強化されます。↓教師の事前の赤。

④、⑤の差別化が難しい。・①から④を踏まえて⑤に進めれば大丈夫だと思います。M・K

タイムリーな話題です。②と③がきちんと書ければ、スムーズに④⑤に導けるでしょう。↓教師の事前の赤

①　キャッシュレス決済は利便性に優れ、経済的に見ても現金より優秀であるのに、日本は外国に比べて現金志向が強いのはなぜか。今回のポイント還元キャンペーンとも絡めたい。

・キャッシュレス決済をオススメするのは便利でお得だからってことでしょうか……？

私も日本人すぎて分からないので興味深い。M・H

②日本のキャッシュレス率は諸外国に比べて低い事実

日本のキャッシュレス化の現状

・早稲田界隈、現金オンリーなお店も多いので、そういった例も含めキャッシュレス導入の滞る理由を書くと具体的な例となり分かりやすいのかなと思います。C・K

③海外のキャッシュレス化と自身の体験からキャッシュレス決済の利点
・D・Kさんが感じたことを書けるのは大変良いと思います。M・K
④②③から日本と海外の違いや意識の差↓日本人の現金志向が高い理由
・着眼点いいですね。思っていたことです。中国だと屋台までキャッシュレス決済の導入が進んでいますよね。逆にどうして諸外国ではキャッシュレスへの意識が高いのかも知りたいです。H・S
⑤キャッシュレス決済を生活に取り入れよう、現金志向を乗り越えよう
・具体的な方策、解決策が示されているとより納得できると思います。C・K
現金志向が強い現状をデータで示せると具体策が引き出せるかもしれません。↓教師の事前の赤

事後自己評価

早稲田界隈のお店も確かにキャッシュレス化が進んでいないことに気付いた。身近なところにも具体例はあるものだなと思った。

学生評論アウトラインと合評例　③（赤字の↓は教師、・イニシャル付きは班メンバー）

題　昆虫食の必要性

副題　―食糧危機の切り札―

N・A

事前自己評価

「Google先生」の教示により、昆虫食をテーマとして選んだ。結構おもしろいなーと思っています。食糧危機の具体的なデータが不足しています。①の端っこにあるので理解できるでしょうか。あと、タイトルのバラ

ンスも不安。

Googleに頼る手もあるのですね。斬新なテーマ設定です。↓教師の事前の赤

①現代は「飽食の時代」と言われるほど、世界は食べ物で溢れている。それでも食糧は有限である。いつかは食糧危機に陥ると言われている(農業の専門家たちの見解や、農林水産省のデータから)。そこで注目されたのは「昆虫食」。はたして昆虫食は食糧危機解決の切り札となるのだろうか。(一〇〇文字)

・日本にいる限り、やはりあまり身近な話題ではないので、なんらかのデータにより具体的根拠を示す必要があると思う。H・S

②メリット：近年の研究で人間の新たな栄養源(高タンパク・低脂質・必須アミノ酸含有)になると言われている。(一五〇文字)

③デメリット：見た目がグロテスク、味は未知、単価が高い↓手を出しづらい(一五〇文字)

④(③の改善策)

研修者たちは、コオロギを粉末状にして料理に加えやすくしたり、自動販売機(実際に馬場にある！)で購入できるようにしたりと様々な工夫をしている。(五〇〇文字)

・高田馬場に自販機があるという具体例が卑近で、気になります！　昆虫食のデメリットの改善案も具体的で良いと思います。Y・S

⑤実際、日本でも昔からイナゴを佃煮にしたり、ハチの子を甘く煮たりと工夫して食べている。地方では今も伝統として食している例である。⚠世界のことも書く。(二〇〇文字)

・未来の話題かと思いきや、日本の伝統の中に前例がある、というのがとても興味深いです。問い・根拠・結論が明確でわかりやすいです。T・M

⑥「昆虫食」は始めは手を出しづらいかもしれない。徐々に流通し、触れる機会が増えれば、将来的に普及する可能性は十分にある↓コストも抑えられる

昆虫食は食糧危機を救う切り札なのだ。(一〇〇文字)

・俺はゴキブリだけは食えない。Ｈ・Ｓ

食糧危機が理解できるデータをどこかに加えておきましょう。↓教師の事前の赤

事後自己評価

流れは特に変えずにいこうと思います。①のデータをもう少し具体的に出さないと、納得してもらえないと思った。

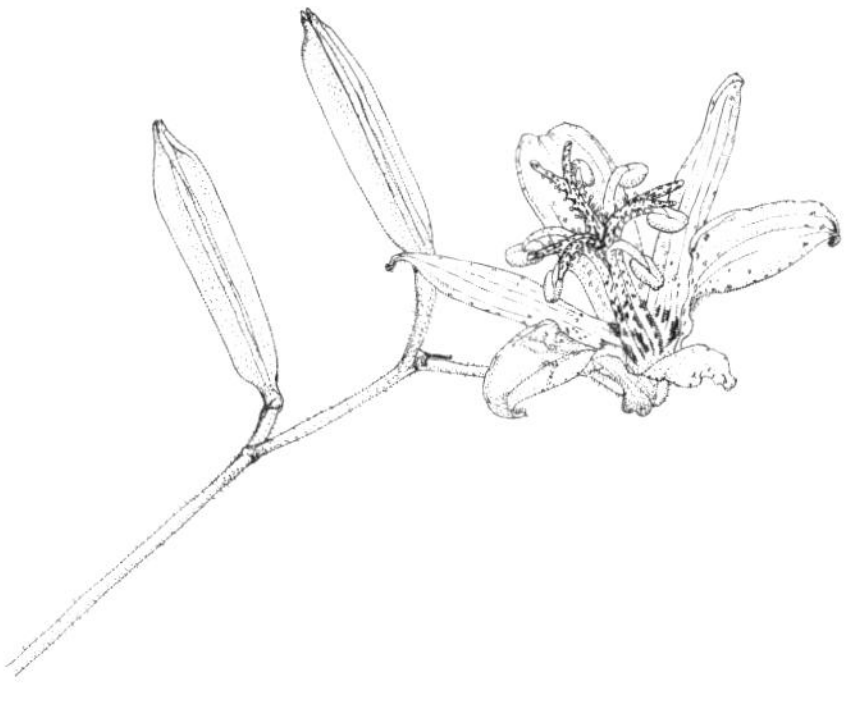

三　記述と推敲

1　草稿の作成

第三者に意見をもらい、アウトラインを改定してから草稿を書き始めます。思考が整理された分、評価規準も厳しくなります。宿題ですから、落ちついて書きましょう。

合評会で、学生たちが指摘し合った注意事項を次にまとめました。

評論記述に際して気をつけること

・**固有名詞**は正確に、確認して使う。

・**カタカナ語や漢語**、**専門用語**などは乱用せず、使用する場合は事前に**定義**する。

例　コンプライアンス、グローバル、コミュニティー、センシティブ、インバウンド
　　感性、個性的、集団心理、国際化、社会性、学級崩壊、高一クライシス

・**接続詞が**、**段落相互の関係を明確**にする。（しかし、それで、ところが、一方、また、そこで…）

・**論題**は、既定の字数内（一六〇〇字以内）で論じきれるサイズのものを選ぶ。

・時間が限定される場合は、構想段階で**字数**と**記述時間**の**配分**を考えておくと落ちついて取り組める。

・**身近な話題**が**読み手の興味**を喚起する。

・一般論でも、**個性的な経験談**や**具体例**による**裏付けがあれば説得力が高まる**。

・**斬新な話題**の場合は特に、**手堅い構成と豊かな具体例が読者を納得に導く**。

・**豊富なデータ**（**資料**）が考察を書きやすくする。

草稿完成後にも批評会があり、再度修正のチャンスがあります。気負わずに書き上げましょう。何度も納得がいくまで考え、書き直すのが文章表現にふさわしい学習方法です。その際には、他者評価に加えて、自己評価が重要です。いずれ社会に出でれば、否応なくひとりで書き上げた文章が評価されるようになるのですから。

班活動3　評論草稿の合評会

→巻末参考資料No.7の評論草稿合評を使います。

■評論草稿の評価規準

- **題（副題）、序論、本論、結論に整合性がある**
- **本論の展開に説得力がある**
- **主張が個性的である**

評価規準を観点に、草稿を批評し合います。班はアウトラインを批評し合ったときと同じメンバーにしましょう。アウトライン作成の経緯がわかっている方がコメントが入れやすく時間の節約にもなります。

批評で大切なのは批判ではありません。上野（二〇一八）は次のように述べています。「すでにあるものをポジティブに評価し、ないものをあげつらうのはやめることです。」（p.292）**互いに良い点を認め合い、よりよくするためのアドバイスを**心がければ、合評会が楽しみなものに変わるでしょう。

評論草稿合評例 ①

「教員いじめ」のニュースから考える教師の在り方　―子どもの見本となる一人の人間に―　H・Y

事前の自己評価

前回のアドバイスをもとに、最後の結論部で突然出てきていた「感性」という言葉を取って、そこまでで述べてきた「子どもを裏切らない、不信感を抱かせない」人間を目指す、という形にした。文字数ギリギリになったが、主張部分はしっかり文字を使えたと思う。

合評欄

・各種評価規準をすべて満たしており、とても分かりやすい文章だと思う。特に教育庁のデータを提示して、論の根拠をしっかりと示しているところがすばらしい。　N・K

・最初から最後までしっかりと論が通っていて、とても読みやすい文章だった。主張したいポイントも伝わりやすかった。　N・H

・最初に、最近のテレビのニュースを提起し、加えて二〇一四年の報告書の内容も提示している。かつ、自身の身近な例を取りあげて論じているので非常に分かりやすい。考えさせられる文章だ。　S・S（中国人留学生）

・最近の事例を挙げて、教師の資質について論じていたのが分かりやすかった。子どものいじめと大人のいじめの比較や体験談の導入も滑らかだった。　I・M

事後の自己評価

論のつながり・展開を工夫したので、構成や読みやすさを褒めてもらえてとても嬉しかった。細かい言葉の選び方や文と文のつながりをもっともっと修正して、さらによい評論文を作り上げたい。

評論草稿合評例②

日本人とキャッシュレス決済 ―現金志向を乗り越えられるか―

D・K

事前の自己評価

ほぼ勢いで書いているので、文章の乱れがあるかもしれない。勢いなので表現の癖が如実に出ている気がする。直した方がよいところなど遠慮なくいってほしい。事実だけを書く部分で自分の意見を書いてしまっているかもしれない。論の流れがきれいかどうか見てほしい。

合評欄

・一段落目の最後は末尾との対応のため「キャッシュレス率を上げるにはどうしたらいいか」という問いもあるといいと思う。「～述べる」がやや多いか。キャッシュレスの現状の章などは、箇条書きのような印象を受けた。一つめ、二つ目という言い方をせず述べた方が綺麗だと思う。　C・K

・最初の段落の「キャッシュレス　～　優れていると言える。」の一文が少し長いように感じた。全体の流れは良さそうだ。　M・K

・結論部の説得力が弱いように感じた。「日本はかなり治安がよい」とか、決済用の機器の普及率とか客観データがほしい。　T・K

・一段落目で問いについてはっきり触れているので良かった。「治安の良さ」の根拠に触れるとより説得力が出ると思う。また、字数が少し多い。　H・S

事後の自己評価

自分が思っているよりデータが求められているのだなと感じた。「一つ目、二つ目」がたしかに多いかもしれない。データと文体に改善の余地があると気づいた。

昆虫食の必要性　―食糧危機の切り札―　N・A

事前の自己評価

字数が思ったより足りず、段落の最後にちょこちょこと付け足したので、もしかしたら段落間のつながりがおかしいかもしれない。特に具体例の段落。

合評欄

・価格の問題、見た目の問題、種類の問題と論点が明確に示されていて見事です。段落と段落もナチュナルにつながっています。話題も興味深かった。　M・Y
・一つ一つの説明が長すぎず短すぎず、簡潔にまとまっていて読みやすかった。粉末状にするということと姿そのまま食べるということにつながりがあると説得力が増すと思う。　T・M
・「実際昆虫食といっても～」の段落はもっと前に入れ込んだ方がいいかもしれない。その上で普及していない現状とその対策を述べた方が自然ではないか。　H・S
・最初と最後が矛盾なくつながっていて良いと思った。「早稲田に近い～」というところで、昆虫食が身近に感じられた。　K・T

事後の自己評価

段落の入れかえ、誤字の訂正が必要。そんなに大きな修正点はなし。昆虫食に興味を持ってもらえて良かった。

2　提出稿

次の学生評論例は、草稿の合評会を経て、推敲後にウェブ上に公開されたものです。基になったアウトラインがどのように草稿になり、推敲を経て仕上げられたか、対照しながら読んでみてください。事後の自己評価文からは、書き手の思考の深化と表現の工夫をうかがうことができるでしょう。

学生評論例①

「教員いじめ」のニュースから考える教師の在り方　―子どもの見本となる一人の人間に―

H・Y

二〇一九年十月、あるニュースが日本中で大きく取り上げられた。「教員いじめ」のニュースである。神戸市立東須磨小学校の四人の教員が二十代の男性教員に激辛カレーを無理やり食べさせたり、暴力をふるったりしていたという。「いじめはいけない」と指導すべき立場の教員たちによる凄惨ないじめの実態が明るみになったのだ。この衝撃的な「教員いじめ」のニュースは教師の在るべき姿を再確認する必要性を生み出した。この問題をとおして教師の在り方とは、一体どのようなものなのか考えていく。

まずこの「教員いじめ」問題を捉えるために子ども間のいじめと教師間のいじめを比較する。今回はいじめられる側の特徴や心理に焦点を絞ることとする。

子ども間のいじめは、多くの子ども達が一つの狭い教室内で生活することによる性格の不和や様々な原因によって起きる。東京都教育庁が二〇一四年二月十三日に公表した「いじめ問題に関する研究報告書」によれば、いじめを誰かに相談した小学生の割合は約四十五％だという。被害の悪化を恐れて誰にもいえずにいる子ども達が一定数いることが分かる。ただし子どもが口に出して助けを求めずとも、教師や保護者などの大人が子どもの態度や行動から見えるＳＯＳに気づき、いじめの未然防止や早期発見・対応ができることも小学生のいじめの場合は多くある。

教師間のいじめも職場という狭い世界の中で起こるものだが、大きな違いはＳＯＳに気づいてもらえる環境かどうか、だ。もちろん相談窓口は存在するが、人間関係や仕事上の立場への影響をより意識する大人達にとって、自ら助けを求めることは容易ではない。その結果一人で抱え込んでしまう場合が多くなるのだ。子どもよりも助けを求めづらい環境の上、助けてくれる先生や親がいない、もしくは頼れないというのが教師間のいじめだ。

今回取り上げた神戸の教員いじめの被害者教諭は事件後、子ども達に向けてあるメッセージを送った。これが教師間のいじめの悲惨さをありありと映し出している。以下実際のメッセージからの引用である。

…先生はよく「いじめられたら　誰かに相談しなさい」と言っていましたね。しかし、その先生が助けを求められずに、最後は体調まで崩してしまいました。「ごめんなさい」今の先生だからこそ、お願いです。辛いとき、悲しいとき、自分一人で抱え込まずに、誰かに相談してください。…（略）

救いを求めることができず壊れてしまった教師からの、この言葉を受け取った子ども達は何を感じたのだろうか。「いじめはだめだといつも言っている先生がいじめをしていたの？」と裏切られたように感じたかもしれないし、「いじめられた先生がかわいそう、誰も助けなかったのかな？」と周囲への疑問を抱いたかもしれない。いずれにせよ多くの子ども達が、お手本としていた教師の生き方に疑惑の目を向けることになっただろう。

私自身、似た経験を持っている。高校時代数学の教師が突然休職したのだが、その原因を担任や同学年の先生達は何も教えてくれなかった。しかし違う学年の担任を持つ部活動の顧問から聞いた話によれば、同学年の教師達との不仲が原因でうつ病を発症したのが原因だというのだ。その話を聞いたとき、教師達への失望感や不信感だけでなく、平然とその話をした顧問にまで「知っていたのに助けなかったのか」と不満を感じたのである。

教師は、常に子ども達の見本となる人間であるべきだ。子ども達にとって、自分たちの知らない世界やルールを教えてくれる親以外の数少ない大人が教師である。その姿を目指して日々成長する生徒達を裏切ったり、不信感を抱かせたりしてはいけない。仲間を大切に人や社会と共存していく一人の人間が生きる姿を見せ続けること。これこそが教師の在り方だと考える。

参考文献

東京都教職員研修センター「いじめ問題に関する研究報告書」（二〇一四年二月十三日公表）

推敲後の自己評価

草稿段階で特に指摘がなかったので大きな変更点はないが、結論で新しいことを言わないよう意識して修正した。またデータの出典も明らかにした。

学生評論例②

日本人とキャッシュレス決済　―現金志向を乗り越えられるか―

D・K

消費税が十%になったのはつい先月（二〇一九年十月一日…引用者注）のことだ。それと同時に開始されたのがキャッシュレス支払いによるポイント還元である。ポイント還元の裏に、日本人にとってキャッシュレス決済が身近ではない事実がある。現金や財布を持たなくて良いと言う点で利便性に優れ、先述のポイント還元により経済的な面でも現金より優秀であるのになぜだろうか。国内の現状と海外との比較からその理由について述べていきたい。

データをもとに日本の現状を見たい。野村総合研究所が二〇一八年に出した「キャッシュレス化推進に向けた国内外の現状意識」という調査報告書によれば、二〇一六年における日本のキャッシュレス率は隣国である韓国の96・4%、中国の60%、シンガポールの58・8%に対し、19・8%であった。これは日本全体のデータだが、次は一般人の視点から見たデータを取り上げる。公益社団法人の商連かながわは神奈川県内の商店街を対象にしたキャッシュレス決済についてのアンケート結果を行った。それによれば、キャッシュレス決済導入店について「ほぼない」と回答した商店街は40・6%、「三割程度」は32・8%、「五割程度」と「七割程度」はそれぞれ9・4%、「ほぼ全て」は6・3%だった。

次に海外でのキャッシュレス決済の現状について、自身の経験から述べる。今年の八月に私はニュージーランドへ短期留学をした。クレジットカードと両替した現金二万円を持って行った。留学アドバイザーの方から、「海外ではクレジットカードを基本的に使います。スキミングや盗難に備えて、カードは二枚持っていき、別々の場所に保管しておきましょう」などと教わった。実際に現地で生活してみるとチョコレート一つ買うのにもクレジットカードを使っていた。また、ホストファミリーから「現金なんて危ないから見せないでくれ」と冗談交じりに言われたこともあった。実際、現金を使って買い物をした時、クレジットカードではないことに驚きの表情をされたことがあった。

国内と海外の現状を比較していく。野村総合研究所のデータから、日本のキャッシュレス率の低さは数値的に見ても明らかである。また、商連かながわのアンケート結果から、買い手の意識だけではなく、売り手側のキャッシュレス決済導入の遅れも発生していることが分かる。ここからキャッシュレス決済には売り手と買い手の問題があると言える。

売り手の視点で国内と海外を比較すると、キャッシュレス決済が導入されていない小さなお店が数多く残る日本とチョコレート一つ買うのにもクレジットカードを使い、むしろ現金で支払うことに驚かれる海外とでは差がある。

買い手の視点では、留学アドバイザーやホストファミリーの発言から現金に対する安全意識が違うのだと考える。日本と海外では一般的に日本の方が安全だと言われている。ここではそれを検証することはしないが、「現金を持っているとスリといった悪い人に襲われやすくなる」という感覚は海外特有のものである。つまり、日本人は現金に対して、安全もしくは何とも考えていないのに対し、外国人は危険な物として捉えているということである。

最後に、日本人の現金志向が高い理由とそれを乗り越えるための方法を提示する。前段から、日本人の現金志向には、現金に対する不信感や危険なものとしての認識がないことと商店街のような人々の生活に身近なお店のキャッシュレス決済が導入されていないことにある。売り手の問題を買い手からどうすることもできないため、問題を買い手側の問題に絞る。しかし、現金に不信感を抱くよう心掛けることは現実感のないことであるから、冒頭でも述べたようにポイント還元といったお得感の部分に気付き、意識的に使うようになるしかないと考える。

推敲後の自己評価

班の人の意見にアウトラインの①が長いという意見があったため、二八〇ほどあった字数を一八〇ほどに減らした。

個人的に日本のキャッシュレス決済に関するデータが足りないと感じたので、商連かながわのデータを追加した。追加すると、考察が書きやすくなっただけではなく、売り手の視点が加わり、論に深みが出たと思う。資料集めの大切さを再認識した。

学生評論例③

昆虫食の必要性—食糧危機の切り札—

N・A

現代は「飽食の時代」と言われるほど、世界は食べ物で溢れている。それでも食糧は有限である。FAO（国連食糧農業機関）の『食品及び飼料における昆虫類の役割に注目する報告書』も示しているように、将来的に食糧危機に陥る可能性は高い。そこで注目されたのは「昆虫食」だ。はたして、「未来食」とも言われている昆虫食は、食糧危機解決の切り札となるのだろうか。

実際、昆虫食といっても日本で昔から食べられている虫たちはある。イナゴを佃煮にしたり、ハチの幼虫を甘く煮たりした伝統料理だ。視野を世界に広げてみると、立派な食文化として昆虫食が普及していることが分かる。蜜を蓄えたアリをデザートにしたり、日本人もよく知るカタツムリをエスカルゴとして食べたりと、様々な種類の虫たちが食されている。

また、昆虫食は近年の研究で人間の新たな栄養素になると言われている。昆虫の種類にもよるが、昆虫食は高タンパクであり、さらに低脂質、必須アミノ酸が含まれている。そのため、健康に気を使っているアスリートや、身体に気を使う女性、あまり食事の量を取れず栄養を取りにくい人に向いていると言える。しかし、体に毒を持っている昆虫がいるのも事実。そのため、食べる前には知識を必要とする。

毒と同様に、普及するためには改善必須なデメリットも存在する。まず見た目がグロテスクなこと。例えばセミをそのままの形で皿に出されたらどうだろうか。おそらく大多数の人が口に入れるのを躊躇するだろう。見た目も重要な問題である。

見た目以外にも、味や価格の問題も挙げられる。食べたことのない人にとっては、想像できない味には手を出し辛い。昆虫食が普及しない要因はここにもある。それが祟って、昆虫食は単価が高くなってしまうのである。

このような問題を解決するために、研究者たちは様々な工夫をしている。コオロギをそのままの姿で料理に混ぜ込むのではなく、粉末状に加工して先入観をなくすことで、「食べてみよう」という気を起こさせる。加工することによって、どんな料理にも加えることができ、昆虫食の導入を促進することがねらいだ。

また、場所の工夫も見られる。早稲田からもほど近い高田馬場に、昆虫食の自動販売機が存在する。「米とサーカス」という獣肉専門店に設置されていて、時折人が訪れては買っていくそうだ。手軽に昆虫食を試せる良い例である。

とは言っても、やはり「昆虫食」は初めての人にとっては手を出しづらい。今後、徐々に流通し触れる機会が増えれば、将来的に普及する可能性は十分にある。また、市場に出回れば出回るほど単価が安くなるため、今よりもさらに手を伸ばしやすくなるだろう。栄養価が高く、丸ごと食べることができる完全食。昆虫食は食糧危機を救う切り札なのだ。

推敲後の自己評価

草稿から大きな修正はしなかった。Ｇｏｏｇｌｅ先生に見つけてもらったテーマだが、昆虫食に興味を持ってもらえて良かった。

作品はウェブ上に公開し、みんなで共有しましょう。

注

(10) アウトライン…構想メモ、組み立てメモのこと

(11) コメント（批評）力をつける。評価規準を観点に表現に即した批評文を書く。

(12) 批評で、説明不足や思い違いを指摘されたら、素直に認める一方で、具体性のない論難には、具体的な説明を求めよう。上野千鶴子（二〇一八）は「ディフェンス力をつける」として、「自分の主張を通すためのスキルです。適切なコメントなら有難く採用したらよいし、そうでなければ反論し、場合によっては突っぱねる……当たり前のことです」（p.300）と述べている。

ステップⅢ

随筆でそれぞれの感性を楽しもう

一　書く目はものをつかむ目

随筆は自由度の高い文章です。「型」にとらわれずに、自分の感性に正直に、自分らしさ（独自性）を発揮しましょう。発想の赴くままで良いのですが、読み手の共感は得たいものです。届けたい思い（主題というほど確固としたものでなくとも）は、ある程度絞り込んで取りかかりましょう。

そうなると、やはりプランニングは必要です。自らの生活経験を題材に、その背景を、丁寧に描写しましょう。描写がうまくいけば、自ずと書き手の思いが伝わり、読み手の共感を呼び起こすことができます。

【参考】

それならば「エッセイ」とは何だろう。——よくひかれる文章だが、厨川白村の『象牙の塔を出て』から説明を借りよう。

　エッセイに取つて何よりも大切な要件は筆者が自分の個人的人格的の色彩を濃厚に出すことである。その本質から云つて、記述でもなければ説明でもなく議論でもない。報道を主眼とする新聞記事が非人格的《インパーソナル》に、記者その人の個人的主観的の調子《ノオト》を避けるのとはちやうど正反対に、エッセイは極端に作者の自我を拡大し誇張して書かれたもので、その興味は全くパァソナル・ノオトにある。（略）

というようなものが、だいたい「エッセイ」の本質だと解釈していいだろう。

吉田精一（一九九〇）『随筆とは何か—鑑賞と作法—』創拓社 p.12

1　課題と条件の確認

随筆は、感動を分かち合うことを目標としています。読者とともに、楽しめる文章を目指しましょう。

構成に関しての「型」や決まりはありません。しかし、文章としてのまとまりは必要です。これまで通り、アウトラインを作ってから書き始めましょう。

字数は四〇〇字詰め原稿用紙4枚（一六〇〇字）以内、書式は、ワードの原稿用紙設定で縦書き入力とします。

2　これまでの学生による随筆の題目および参考随筆

・スマホを買い換えて学んだ憧れと現実　・見た目と内面　・身だしなみとは
・スポーツとナショナリズム　・音楽の魅力　・国立大学附属高校について
・「かわいい」は褒め言葉ではない　・国語が嫌いだった国文科のわたし
・国家経営白書（一人暮らしを一国家に例えて「余」が語る）　・息を潜める「にわか」ファンたち
・ポケットチーフとコーヒー　・東京育ち「故郷」に出会う　・暇なとき、なにしてる?
・ねこから学ぶちょっと楽な生き方　・「淘法」（タオバオ）について（中国人留学生）
・我的美容日記　・女子校コンプレックス　・マンガで成績が上がる?!
・目指せ!!　職質マスター　・演じる喜び　・関西における「ボケとつっこみ」の特長

【参考　随筆1】

「日本語」として客観的に

ロバート キャンベル《Robert Campbell》さん　国文学研究資料館長

米ニューヨーク市生まれ。専門は江戸・明治時代の文学。著書に「井上陽水英訳詞集」など。

私は前近代の国文学の専門家です。先人が積み重ねてきた豊かな「国文学」研究の恩恵を受けていますし、「日本文学」「日本語」ではなく「国文学」「国語」と呼んできた伝統にも、愛着と敬意を持っています。

ただ、少なくとも小、中学校の教育の場では、英国では英語、フランスではフランス語として母語が学習されるのと同じように、「国語」ではなく「日本語」として学ぶ方《ママ》がいいと思っています。

日本に来る技能実習生にとっても「日本語」としたほうが開かれていて取り組みやすい、という理由だけではありません。「国語」よりも「日本語」と呼ぶほうが、「ポルトガル語」とか「スワヒリ語」と同様な「言語」として客観視できると思うからです。日本語を話すことが日本人の前提ではないし、日本人と日本語は同一ではありません。ですが、日本人が日本語を話すのは当たり前で、日本語は自分のアイデンティティーや感覚と一体化し、空気のようなもの、と考えている人が多いのも事実です。教育の場で母語を「国語」と呼んできたことで、本来は距離がある二つのものを不可分であるかのように錯覚させてきた面があると思います。

私にはこんなイメージがあります。おわんの中のジュンサイの周りにはプルプルした「ぬめり」がついています。お箸でジュンサイだけつまもうにも、「ぬめり」と一体化していてすべる。日本人（＝ジュンサイ）が国語（＝ぬめり）の柔らかい透明な膜に包まれ分離できないのです。

日本人が日本語を話すことは、英語を話すことと同様、「能力」です。母語と一体化し過ぎているとその事実を忘れ、外国語を習得するとき、気がつかない「壁」になってしまう懸念があります。

私が学んだ米国の教会附属小学校では、低学年から英語の授業で「文章の解析」を学びました。品詞や主節・従属節を分けたり、時制や話法を分析したりして、徹底的に解剖します。ピンセットで虫を標本箱に分類するように、母語である英語を「言葉」として客観視するのです。一方で、街に出れば、さまざまななまりの英語が飛び交い、母語が相対化されました。

限られた個人的な経験ですが、私は二つの世界の往復の中で、自分と英語の間にすき間があることを意識できるようになり、日本語の勉強を始めたときにもその感覚が役に立ったと思っています。

相手との関係や距離によって、玉虫色にニュアンスを変える日本語が私は大好きです。深いひだを持ち、重層的な日本語の豊かさを失ってはいけませんが、教育の場では国語より日本語と呼んだほうが、母語と客観的に向き合えるのではないでしょうか。（聞き手・中島鉄郎）

「オピニオン＆フォーラム　『国語を学ぶ』とは」『朝日新聞』二〇二〇年四月四日（土）11面

「国語」という科目名は、「日本語」としたほうが一つの「言語」として客観視できるのではないかというのがキャンベル氏の考えです。英国やフランスの母語教育に加えて、自身が通った米国の小学校における英語の授業内容を例にあげて説明しています。低学年から「文章の解析」を学び、品詞や主節・従属節を分けたり、時制や話法を分析したりして、徹底的に英語を解剖させられたと話します。そうすることで、母語を「言葉」として客観視できるようになり、外国語を習得するときに役立ったと言うのです。

本人が書いた文章ではなく、記者による「聞書」ではありますが、日本語を外国語として習得し、「国文学」の専門家として活躍する氏の話には、多様なものの見方、柔軟な思考が認められ、説得力があります。中でも、日本人をジュンサイに、国語をそのぬめりに喩える秀逸さに納得させられます。

この文章に倣って、身近な物事を外国の同種の物と対比したり、何かに喩えたりして、その本質を考察してみるのも面白そうです。

【参考　随筆2】

吉田　兼好

朝夕へだてなくなれたる人の、ともある時、我れに心おき、ひきつくろへるさまに見ゆるこそ「今更かくやは」などいふ人もありぬべけれど、なほげにげにしくよき人かなとぞ覚ゆる。

うとき人のうちとけたる事など言ひたる、又よしと思ひつきぬべし。「徒然草第三七段」

【現代語訳】

朝夕気もおかず連れ添っている女が、何か事あるとき、自分に遠慮をし、身嗜みをしているように見えるのは、今更そんなに改まるにも及ばないなどという人もあるに違いないけれども、やはりそういう女が本当に教養ある女だなあと思われる。

常は気兼ねしている女が、思いがけず打ち解けたことを言ったのも、これ又、よい女だとの印象を新たにするであろう。

友とするにわろき者七つあり。一つには高くやんごとなき人、二つには若き人、三つには病なく身強き人、四つには酒を好む人、五つには武く勇める兵、六つには虚言する人、七つに欲深き人。よき友三つあり。一つには物くるる友、二つにはくすし、三つには智恵ある友。「徒然草第一一七段」

【現代語訳】

友だちにするにふさわしくない者に七種類ある。一つ目は身分が高く住む世界が違う人。二つ目は青二才。三つ目は病気をしたことのない丈夫な人。四つ目は飲んだくれ。五つ目は血の気が多く戦闘的な人。六つ目は嘘つき。七つ目は欲張り。良い友だちには三種類ある。まずは物をくれる人。次は医者。最後に智恵のある人である。

「親しき仲にも礼儀あり」がある一方で、「慇懃無礼」と言われることわざもあります。適当な程度が難しいようです。高貴な人や健康すぎる人に対して、気後れしたり思いやりのなさに呆れたりするのは昔も今も同様です。何事も、一面だけでなく、多方面に考えを巡らせる必要があります。思考を深めるきっかけとなる経験談を掘り起こしてみましょう。

班活動1　随筆のための意見交換

→巻末資料No.1　意見交換報告書　を使います。

身の回りをよく観察し、日ごろ見慣れた物やしなれたことにも疑いの目を向ければ、書くべきことは至る所にあります。一般常識に縛られず、複眼的に、多様な価値観を基にものごとを見るようにしましょう。

偉大な人物の立派な思想やすばらしい表現に出会う喜びもさることながら、自らの感動を、自分の言葉で表現し、それが読み手に理解されるとき、私たちは心からの喜びと満足感を得ることができます。

感動と言っても、特異な経験や激情といったものが必ずしも求められるわけではないのです。むしろ、常日ごろの経験や観察の積み重ねの中で、しみじみと心に染みたような感動が書くに値します。些細なことであっても、自分にしか書けないことが、きっとあるはずです。

文章を書く際の大敵は、思い込みです。知らず知らず身につけてしまった偏見や誤認、人の目を通して見たものや考えたことを、あたかも自分自身のそれでもあるかのように信じてしまうことなど。まずは、こうした誤りを排除しなければなりません。自慢やうぬぼれ、誹謗や中傷などに至っては、言わずもがなです。

自由だからこそ、書き手の人間性が包み隠さず現れてしまうのが随筆だと言えるでしょう。

二　構成上の注意

随筆の場合、文字どおり筆のおもむくままに自由に連想を綴るのだから、アウトラインは必要ないと思われるかもしれません。しかし、日記やメモのように、自分さえわかればよいのではなく、他者に読まれること、共感を得ることを目的にするのであれば、やはり文章としてのまとまりは求められます。

主題や内容、構成、書き出しや結び、叙述方法について、参考文献から学びましょう。

1　随筆の書き方

【参考】　吉田精一（一九九〇）『随筆とは何か―鑑賞と作法―』

書き出し・・全体の文章の内容・主題・調子とひびきを合わせたもの。短いほど工夫がいる。

内容・・およそ随筆中もっとも聞くに堪えぬものは自尊自慢の文章であるとともに、自分にひきかけて他人を譏誣（ざんぶ）中傷する種のもの。深い感動、深い印象、それを心静かに順序立てて述べることが重要。

構成・・ある目的をもった評論や、とにかく事件や行動をおって筋道を立てねばならぬ小説や演劇にはないわわき道や漫歩が許される。しかし、何らかの意味で序破急的なものの内在することが、よい随筆を書く上の条件。

主題・・随筆の主題は、それがきわめて偏った感覚であろうと、一般に通用しない意見であろうと、そんなことはどうでもよい。きわめて個性的であり、特殊であり、独自であれば良いので、異常な生活経験をもった人や、一技一芸にすぐれた芸術家の随筆が面白いのはそのためである。

結び方・・書き出し同様、筆者が一番苦心するところ。比較的短いものが多いため、気の利いた結び方が、価値を倍加し、または激減する。

叙述・・山の名、鳥の名などの固有名詞をはっきりとうたうことは、描写をする場合、文章に実感を与え、感情を堅固にし、つまり具体的な印象を強めるためにはなはだ重要である。「天城山、大室山・・・」とか、「新島・・・利島、三宅島・・・」とかいわないで、「山々が」とか、「島々が」とかいったばあいとは、比較にならない感情の密度がある。「景色のいい所」という場合も、「尾道、松江、我孫子、・・・」というふうに実名をあげるほうが、一そう実感が強まる。

(pp. 171-229より要約抜粋、傍線も引用者)

2　アウトライン作成

↓　巻末資料No.8　随筆アウトライン を使います。

随筆には、筋を通すという窮屈さがない分、読み手を楽しませる表現力が求められます。これといった型はありません。人生経験も表現力も足りない若者には厳しい条件ですが、これまでの学習の成果を問うつもりで挑戦してみましょう。

班活動2　随筆アウトラインの合評会

↓巻末資料No.9　随筆アウトライン合評 を使います。

■随筆アウトライン評価規準

・題が興味をひく
・本文にまとまりがある
・書き出しと結びに工夫がある

随筆アウトラインと合評例①

題　目指せ!!　職質マスター　M・T

主題文　職質をスマートに乗り切る（赤字は合評会前に入れた教師の赤ペン）

1　大学にはいってから悪いことしていないがよく職質される
2　職質される考察　風貌編
3　〃　挙動編
4　そもそも職質されないためにどうすべきか
5　職質の対応のしかた　↓　2〜5の段落、解説や説明よりも詳しい描写が効果的です。読み手は、詳しい状況が知りたくてウズウズしています。
6　そもそも悪いことはしてないから職質に協力しよう

事前自己評価

話題がダーティーすぎる気がする。

合評会の批評欄

・テーマが面白く、ぜひ読んでみたいと感じました。要素をいかに詳しく書けるかが重要そうです。T・M
・どのような感じで職質されるのか知りたいです。とても面白そうで読んでみたいです。Y・S
・職質されているときのユーモラスな描写が楽しみです！　先生のコメントにある通り、先に描写が出てくると良いのではないだろうか、と感じました。S・Y

・職質されたことがないので内容がとても気になります…　詳しく知りたいです。K・T
・タイトルがポケモンの主題歌のパロディだと思うので本文中にもポケモン要素があると嬉しい。T・T

事後自己評価

・職質に興味のある人が多いことが分かった。
・これまでの経験を詳しく書いてみよう。

随筆アウトラインと合評例②（赤字は合評会前に入れた教師の赤ペン）

題　マンガで成績が上がる!?　I・M

題が読み手の興味をひきます。

主題　マンガは勉強を助けてくれる

1　導入　私は国文科の学生なのに、小説よりもマンガをよく読む。
2　理由　国文科を志した遠因にマンガがある。
（例）大和和紀『あさきゆめみし』　千船翔子『文豪失格』
3　変化　源氏物語関連の本や番組に触れたり、文豪の作品やウィキペディアの記事を読むようになった。
→国語が好き・得意になり、中学高校でも国語で好成績を取るように。
4　マンガ勉強法の注意点
・マンガはあくまでも勉強の導入に過ぎない。
・少年マンガは非現実的な設定や擬音語が多いので、あまりオススメしない。
5　マンガ勉強法のメリット
・苦手な教科・科目に対して気軽に取り組める。
（例）『はたらく細胞』清水茜

生物が苦手だったが、このマンガのおかげで基礎的な内容が頭に入った。

・絵が入っているので、視覚情報として記憶に残りやすい。

（例）『天上の虹』里中満智子

教科書ではわかりにくい歴史的事件の記述も、物語上で絵に再現されると印象に強く残る。壬申の乱がよくわかった。

・ふきだしのセリフを読むことは、読書にも繋がる。

読んでみるとわかるのだが、マンガの吹き出しや独白の部分のセリフを読むのは結構時間がかかる。『あさきゆめみし』をセリフ一つ一つ見逃さず読もうとしたら二巻目で疲れてしまった。しかし、読み切ったら長い文章が以前より苦ではなくなった。→読む力がつく。

豊富な具体例（マンガの作品名）が、読み手を納得させます。

6　まとめ　マンガは勉強の手助けになる。

事前自己評価

4と5を逆にした方が、流れがスムーズになるかも。

合評欄

・今のまま注意点を間に挟む形の方がまとめへの流れがいい気がします。　M・T

・面白い考えだと思います。日本の場合、歴史を主題に作られるものもあるので、そのマンガを学生に紹介したら勉強のためになるかも。勉強の一助となるため、どのような方法で提供すればいいと力を入れられそう。　S・S

・興味づけの手段としてマンガが有効なのですね。昔から、ユーキャンとかベネッセが「やる気が出る」ようなマンガを教材セットに入れてきていたのですが、教育界がマンガの活用にまだ抵抗がありそうなのはナゾです。　M・Y

・私も似たようなタイプなので、よくわかります！　マンガを使うことによるメリットなども余裕があれば加えてみては？　Y・C

事後自己評価

・マンガを勉強に取り入れることのメリットに触れる。
・最初、マンガを「読むだけで知識がつくマンガ」と「読むと興味が湧くマンガ」と二種類に分類してみたが、自身の体験を振り返ると、マンガを読んで知識がつくと同時に、本やネットで色々と調べていたので、あまりこの分類には意味がないと思い、除外した。

随筆アウトラインと合評例③（赤字は合評会前に入れた教師の赤ペン）

題　息を潜める「にわか」ファン

主題　にわかファン歓迎の風潮を作りたい　Y・C

できれば、「にわかファン」の説明を導入部にお願いします。

1　導入
最近、ラグビーの「にわかファン」が増えたというニュースがあった。選手も古株のファンもにわかファンを歓迎し、ラグビー界隈が大きく盛り上がった。

にわかファンという用語の解説。（改定後）

2　主題、導入との対比
にわかファンを嫌う芸能人のファンがいる。「詳しくもないのにファンを名乗るな」という過激な考えで、せっかく興味を持ってくれた新規のファンを遠ざけてしまう。

3　解説

新規ファンはその芸能人に興味を持ち、調べ、古株ファンと交流を持とうとする。そこで「そんなことも知らないのか」と袋叩きにされ追い出されるのだ。新規ファンは最初のうちは息を潜め、知識を蓄えてから、さも古株のように出て行かざるを得ない。

4　経験談

自分は好きな舞台俳優のミュージカルに通うにあたって、SNSで繋がった古株ファンの方々にたくさん教えてもらった。しかし、古株を名乗れるようになった私に話しかけてくる新規ファンはいまだに恐る恐る、低姿勢だ。

5　まとめ

芸能人を人気にして広めていくには、ファンが仲間を増やし、歓迎していくことが必要だ。生まれたてのファンは古株に甘やかされ、沢山の供給を受けてこそ、手っ取り早く根強いファンへと変わる。ファン層拡大と推しの支援のため、にわかファンを歓迎する風潮を作りたい。

事前自己評価

少し批評っぽさが強い？　もっと面白みというかオリジナル感が欲しい。

合評欄

・「にわかファン」、聞いたこともない言葉でとても興味を惹かれました。Ｍ・Ｙ
・経験談があっていい。共感できます。Ｍ・Ｔ
・まとめがＧｏｏｄ　Ｉ・Ｍ
・「生まれたてのファン」という表現が可愛い。「推しの支援」も面白い　Ｍ・Ｙ
・今までに聞いたことのないアイデアなので興味津々！　専門用語の解釈が欲しい　Ｓ・Ｓ

事後自己評価

「にわかファン」という言葉を知らない人が多いことに驚いた。もっと丁寧にわかりやすい表現を選ぼうと思う。

三　記述と推敲

1　表現の工夫

どんなによく構想が練られていても、抽象的で説明的な表現ばかりでは、印象の薄い文章に仕上がります。読み手に印象深く伝えるには、どのような表現の工夫があるのか、例を参考に見ていきましょう。

【随筆解説　参考1】

西洋のホテルにおいて宮殿に似せて最もぜいをこらしたのが食堂であったことに対応して、日本の旅館において最も大名ふうなのは宴会場である。それは二条城大広間のように、と言ってはオーバーだが、前面には一段高い上段の間があり、そこにはさんぜんたる金びょうぶがたててあり、天井は格天井とまでは行かずとも、船底天井ぐらいではあってほしい。そして宴会が行われるときには、ずらりとならんだ座ぶとんの上にすわっている客一人ひとりの前に、漆ぬりの四あし膳にのせたごちそうが女中たちによってうやうやしくはこばれ、お値段次第では二の膳などがつけ加えられる。

このように、かつての支配者たちがした豪華な生活をみずからも味わってみたいという新興階級の欲求からホテルや旅館の特徴的な様式が生まれたそのいきさつは、洋の東西を問わず符節をあわせたように一致している。しかしその欲求の満たしかたには西洋と日本との間でいちじるしいちがいが見られる。

西洋人の考えによれば、貴族生活のふんいきを完ぺきにするには、下品なかっこうをした者が一人でもその場所に居てはならない。そういうわけで、一流ホテルのディナーにおいて、男はタキシード、女は夜会ふくでなければテーブルにつけないという習慣が生まれた。彼らにとって、部屋のかざりや召使たちの服装と、客自身のよそおいとは有機的一貫性を持たねばならず、その二つを切りはなすことはゆるせないのである。(ネクタイなしでディナーの席に着くのをゆるさないホテルが今なお存在するが、それはこの西洋的思考形式のなごりである。)

一方日本人の方は、その点はなはだ異なっている。彼らは考える。大名生活を味わうのに何もみずから裃をつけてきゅうくつな目をしなくてもよいではないか。要は大名生活のよい点だけを味わい、悪い点はすてればよいと。こういう日本的思考形式から、人びとは豪華な大ひろ間で、浴衣がけのまま二の膳つきのごちそうを食べ、そして上段の間を隠しげいの舞台に転用し、金びょうぶの前にステテコ姿のどじょうすくいが飛びだしたりする。有機的一貫性とか何とか、めんどくさいことは言わないで、短をすて、長をとる。これが日本流である。

朝永振一郎「ホテル・旅館・銭湯考」の一部分
串田孫一解説(一九八一)『朝永振一郎著作集1　鳥獣戯画』みすず書房 pp.78-80

①　似ているものをとらえる

朝永振一郎は「ホテル・旅館・銭湯考」で、西洋のホテルと日本の旅館を取り上げ、それぞれの成立経緯の類似性を指摘しています。このように、異なるものをある観点から同類としてとらえる認識の仕方は、思いもよらなかった新しい考え方を見いだし、思考を深めるきっかけを与えてくれます。

異質なものの中に類似点を見いだすことは、思考のために必要な作業であると同時に、読み手にわかりやすく表現するためにも重要な視点と言えるでしょう。

② 比喩表現を活用する（『基礎文章表現法』pp.72～74）

【随筆解説　参考2】

イギリス人は歩きながら考える。フランス人は考えた後で走り出す。そしてスペイン人は、走ってしまった後で考える。――――

誰れが最初に言いだしたことかは知らないが、かつての国際連盟事務局長、後にはオクスフォードでスペイン文学を講じたこともあるスペインの明敏な外交官、マドリヤーガが書いたことである。

笠　信太郎（一九六六）『ものの見方について』南窓社

異なるものの中に、その印象やあり方から類似点を見いだして、同じもの、似たものとしてとらえるのが比喩の表現です。【参考2】の文章は、三つの国の思考方法を比喩的に印象深く書き出しています。一度読むと、いつまでも記憶に残る表現です。

月並みな決まり文句では表現効果が薄いものです。新鮮な比喩を創って、読み手の五感に訴えましょう。

比喩表現例

・手袋をはめたまま物をつかむような厚ぼったい感じがした。

向田邦子（一九八三）「かわうそ」『思いでトランプ』新潮文庫 p.12

・糸の切れた操り人形のようにくたくたとなり、地面に座り込んでしまった。　同右

・病気のせいか、脳味噌のほうも半分厚い半透明のビニールをかぶったようで焦れったくなる。　同右 p.14

・かきむしられた三匹の猫の毛が、敵のもの味方のもの入りまじり、芝生一面に綿をちぎってばらまいたように散乱している。

串田孫一解説（一九八一）「ねこ」『朝永振一郎著作集1　鳥獣戯画』みすず書房 p.157

・驚いて見ていると、それから十余間を隔てた小さな銀杏も同様に落葉を始めた、まるで申し合わせたように濃

密な黄金色の雪を降らせるのであった。

小宮豊隆編（一九九四）「藤の実」『寺田寅彦随筆集第四巻』岩波文庫 p.47

・短文の勉強は、また絵画におけるデッサンや書道における楷書のようなものだという人もあります。

扇谷正造（一九八九）『現代文の書き方』講談社現代新書 p.18

③ 対比的に書く

「ホテル・旅館・銭湯考」で朝永は、ホテルや旅館での客の欲求の満たし方について、西洋と日本を対比して、その違いを明らかにしています。西洋のホテルでは、貴族生活の雰囲気を完璧に味わうために、一流のディナーにおいては、男はタキシード、女は夜会服でなければテーブルにつけないという習慣を今なお守っているのに対して、日本の旅館では、豪華な大広間で、浴衣がけのまま二の膳つきのごちそうを食べるというのです。部屋の飾りや召使いたちの服装と、客自身の装いとは有機的一貫性を持たねばならないとする西洋の考え方に対して、日本は、大名生活の良い点だけを味わい、悪い点は捨てればよいという考え方です。

先に、ホテルと旅館の生まれたいきさつに意外な類似性のあることが述べられていたこともあって、後半のこの対比はいっそう鮮やかです。

【参考2】の文章では、イギリス人、フランス人、スペイン人の三者を対比させています。いくつかの物を対比することによって、一つの物だけ考えていたのでは明らかにならない事柄を、より印象深く、明確に浮かび上がらせることができます。

文章を書くときには、自分だけの狭い視野にとらわれずに、多角的にものを見る習慣をつけましょう。類似のものを数多く集めたり、逆に反対のものを対比させたりすることによって、それまで見えていなかったものが明らかになり、考えが深まります。それが、文章そのものの面白さ（説得力）にもつながっていくのです。

④　**描写で文章を生き生きさせる**

状況のリアルな再現は、読み手のイメージを強力に喚起します。つまりは、長々とした説明を書き加えなくても、場面が書き手の思いを生き生きと映し出してくれるのです。

【参考3】の三浦哲郎の文章からは、つかえつかえ字を書く母親もさることながら、それを観察する書き手の様子も伝わらないでしょうか。

【随筆解説　参考3】

おふくろの筆法（部分）　**三浦哲郎**

おふくろは、明治の小学校を出ただけで、文字など書くのは苦手であった。たとえちょっとしたメモのようなものでも、それを書くときは難渋した。見ていると、まず鉛筆の芯をちょっと舐める。それから、力を入れてごしごしと書く。すぐ、つかえる。鉛筆の尻で頭を掻く。またごしごしと書く。つかえる。今度は左右の腕をぽりぽりと掻く。

水上勉編（一九八六）日本の名随筆42『母』作品社

2　草稿の作成

草稿の作成は宿題です。目標と条件を確認してから、1の表現方法も参考に書き上げましょう。時間をおいて、もう一度書き直しの機会がありますから、必ず草稿を準備して、合評会に参加しましょう。

班活動3　随筆草稿の合評会

→巻末資料No.10を使います。

アウトラインの合評会と同じメンバーで活動しましょう。アウトラインがどのように改訂され、どのような表現の工夫がされているか、確認し合いましょう。

草稿の推敲に向けて、修正のための手がかりを、表現に即して具体的に伝えましょう。

■**随筆草稿の評価規準**は次の通りです。規準を観点に批評しましょう。

- **題が主題にふさわしい**
- **本文の展開および表現に共感できる**
- **書き出しと結びが効果的である**

随筆草稿合評例①

めざせ!!　**職質マスター**　M・T

回覧前自己評価

「もっと描写を多くするとおもしろくなる」と言われたのでシーンを多く書いて、段落が少なくなってしまってまとまりがない気がする。

批評欄

・ユーモラスな文体が面白いです。描写も詳しくていいと思います。Y・S

・ユーモラスな文体とゲームのような書き方が統一されており、おもしろかったです。締めの文に笑ってしまいました。職質マスターにちなんでチュートリアルぽさをだしてもいいかなと思いました。S・Y

・『新時代』（通信）で題が紹介されていた時に気になっていたので読めてよかったです。おもしろい文章でした。職質について聞いたことがなかったので新鮮でした。ほかの段落を増やしてもっとバトルを書いてみるのもいいと思います。（読みたい）K・T

・題名からしてもポケモンをモチーフにしてるんですよね、とても面白いと思います。「東京」もカタカナにしてもいいと思います。S・S

回覧後自己評価

やけくそで書いた文章が好評でうれしさ半分悲しさ半分でした。指摘されたところを修正してみました。

随筆草稿合評例②

マンガで成績が上がる!? —マンガは勉強の一助—

I・M

合評前の自己評価

題か主題のどちらかに「マンガ勉強法」を入れた方が良いか迷っている。

合評欄　（④⑧は提出稿参照）

・問題提起のところがよかったと思う。④の問題提起のところは具体例があって説得性が高い。メリットもはっきりしている。⑧の呼び掛けるところを見て、私もマンガを読みたくなった。S・S

・マンガで成績を上げるのに役立つという主題が筆者の豊富でユニークな体験談を通して効果的に伝えられています。また、想定される反対者の意見を取り入れることで論が力強いものになっていました。（余談）私は『ヘタリア』で世界史の勉強をしました。M・Y

・主題がしっかりしており、段落や配列の構成も適切だと思います。また、どんなマンガが役に立つのかをしっかりと定義しているところが良いです。N・K

合評後の自己評価

題と主題はこのままで問題なし。随筆というより論説のような文章だなと批評を読んで思った。

随筆草稿合評例③

息を潜める「にわか」ファン

Y・C

回覧前の自己評価

普段芸能人の追っかけをしていない人たちに、どれだけ理解しやすく表現できるかを考えた。理解しやすいかと思っていちいち主語を「にわかファン」「コアなファン」としたが、くどくないか不安。

批評欄

・私はアニメ、ゲームでにわかの立場であったことがありますが、「にわか」を知っていても知らなくてもわかりやすい文章だと思います。くどくは感じませんでした。好きなものを楽しみたいと言う熱意も伝わる、すてきな随筆だと思います。　Y・M

・私も特定の分野で「にわか」から「コア」に変わっていった人間なので、共感して読み進めることができました。新奇性を持つタイトルで惹きつけて、「息を潜める」の意味を本文で回収しているので、論旨一貫した素晴らしい文章だと思います。　H・S

・主語の使いわけに関しては特に気になりませんでした。折角なので、芸能人をもっと具体的にしたり、自分だけの経験や視点を入れられたら、もっと面白い随筆になるのかな、と思います。　N・H

・今のトレンドな話題と自分の体験を上手に組み合わせたステキな作品！　タイトルにもある「にわか」の説明をしっかりしているのもｇｏｏｄです。構成や段落も特に問題なかったと思います、くどさも感じませんでした。　H・Y

回覧後の自己評価

経験談の部分で、好きな芸能人を具体的に書いてしまって良いと感じました。文字数も少し余っているので、今後は具体性を出したいと思います。

学生随筆例①

めざせ!!　職質マスター

M・T

例え早稲田生、齢二十、前科なし、素行優良、日本国籍、フル単だろうと職質されるときは職質される。なかなか、なかなか大変だけど。僕が6月のシブヤタウンを散策していると、目の前に立ちはだかる青い服装のおじさん。あ！巡回中の警察官が現れた!!

警察官の一言。

「お兄さん、身分証とか見せてもらっていい？」

最初はパニックになるだろうが焦っちゃいけない。僕にはいろんな選択肢がある。一応職務質問は国民の義務に基づいて行われるものではないので「逃げる」という行為は理屈的にはできなくはないが、そうした際には、即取り押さえられそうなので却下。次に「戦う」という選択肢が現れる。先程も書いたが義務ではないので協力を、拒否することもできる。そうすると、一から三時間ほどの長期戦も覚悟しなければならないらしいのでこれも却下。なので別に悪いこともしてないのでおとなしく「指示に従う」というコマンドを実行する。

そこで取り出すアイテムは赤と銀で彩られた学生証。そして保険証。本当なら運転免許がベターだが持ってない。めんどくさいから一気に二つ渡す。ここから得られる氏名などを無線などで照会して前科があるかどうかなどを確かめるらしい。とすればこの時点で堂々と渡しているので怪む要素はないと思うが。効果はいまひとつのようだ。

勘が御立派に発達していらっしゃる彼はさらに一言。

「ポケットの中のもんみして。」

警察官は薬物所持を疑っているようだ！

さらにアイテムを追加。財布とスマホ。勝手に財布を開こうとする警察官には流石に引いたが、彼も仕事のうちだからと目を伏せる。さらに僕の服やらズボンのポケットをはたいた後、不服そうな顔をして一言。

「いっていいよ。」

この間、約十分から十五分。職質を乗り越えた！　レベルが上がった！　これで通算5戦目の職質バトルであった。職質のチャンピオンロードを不本意ながら進んでいる僕でも、面食らったバトルがある。8月そして通算3回目のバトルだった。イケブクロ地方を歩くとエンカウント。

「お兄さん。ちょっといい？」

振り返ればやつがいる。さすがに慣れた手つきで身分証を出そうとしたその時、聞きなれないセリフが聞こえてきた。

「パスポート。それか在留カード。」

僕は混乱した！　効果はバツグンだ！　とりあえず聞き返す。

「学生証しかないんですけど。」

警察官も困惑した！

「日本語うまいなぁ…」と怪訝そうにつぶやいている…。

警察官の衝撃の一言！

「お兄さん、日本人？」

僕のアイデンティティが打ち砕かれた！

「そうですけど。」

話を聞くとその日の自分の身なり、サンダル、ジーンズ、リバティプリントのシャツ、かなり日焼けした肌、サングラスを見て、怪しい外国の人だと思ったらしい。試合には勝ったが内面を深くきずつけられ、勝負に負けたものであった。

ここまで僕の通算9、10回のバトル遍歴を少し綴ったが、念を押して書きたいのは、僕は純潔無垢のドがつく潔白だ。思うに、夏に好んでそこそこ派手な恰好をしている割には、いなかっぺが都会にでて興味があちらこちらに向かってキョロキョロしているのが、警察官からは不気味に映るのが原因なのではないかと推測されうる。トーキョーの主要な都市ではあらかた職質を乗り越えたので、そろそろヨコハマシティなどでバトルが繰り広げられて、ジムバッジなるものがもらえるかもしれない。

そもそも目を付けられないのが一番だが、バトルをスマートに終わらせる方法は簡単だ。「大前提の悪いことしてないので、堂々と清々しく職質を受ける。」地域の治安保全の一環としてやられてみるといい。悪いことしてなければの話だが。これでみんなも職質バトルに、晴れて参戦して、憧れの職質マスター目指して頑張ろう！　警視庁という名の殿堂に名を刻め！

学生随筆例②（合評の便宜上、段落に番号①〜⑧をつけている。）

マンガで成績が上がる!?　—マンガは勉強の一助—

I・M

① 私は国文科の学生だ。国文科と聞くと、重たい活字の本や文豪の小説をたくさん読んでいるというイメージを持っている人もいるだろう。しかし、私は国文科の学生なのに、小説よりもマンガの方をよく読む。

② 実を言うと、私が国文科を志した遠因にマンガがあるのだ。小学生の時に親から買い与えられた大和和紀の『あさきゆめみし』が無かったら、恐らく私は三号館なり所沢なり（早稲田大学…引用者注）にいたはずだ。千船翔子の『文豪失格』が無かったら、私は受験勉強で近代の文学史に頭を抱えていたかもしれない。

③ 『あさきゆめみし』を暇さえあれば読んでいたことで、私は源氏物語に関連した本を図書館から借りたり、テレビ番組で源氏物語が取り上げられていたら積極的に観るようになった。また、『文豪失格』を受験勉強の合間に楽しんでいたことで、登下校中の電車では文豪のウィキペディアを検索するようになった。おかげで私は国語が好きで得意になり、中学・高校でも国語の成績で困ることはなかった。

④ この勉強法は—マンガ勉強法と名付けようか—やっていて楽しい。しかし、二つ注意することがある。一つ目は、マンガはあくまでも勉強の導入、興味づけに過ぎないということだ。マンガだけでの勉強には限界があるし、もし本当にマンガだけで成績が上がるなら世の中の中学生・高校生は苦労しない。二つ目は、少年マンガはあまり推奨しないということだ。『ワンピース』や『ナルト』を想像してもらえればわかりやすいだろう。非現実的な設定、「ウォーッ」

「ガガン」「ドンッ」といった無意味な擬音語が目立ち、勉強というより完全な娯楽向けの作品が多いからだ。ここは誤解の無きよう、心得てもらいたい。

⑤　マンガ勉強法のメリットとしては、苦手な教科・科目に対して気軽に取り組めることがまず挙げられる。私は高校時代、生物が苦手でいつも赤点の直前を行ったり来たりしていたのだが、清水茜の『はたらく細胞』と本屋でたまたま出会ったことで、クラスの平均点程度の点数は取れるようになった。ギャグ要素満載の物語に笑いながら、キラーT細胞やマクロファージといった基礎的な内容が頭に入ったのは嬉しかった。

⑥　もう一つのメリットとしては、マンガだからもちろんイラストが入っているので、視覚情報として記憶に残りやすいことだ。特に歴史では効果抜群だった。例えば、私は小学校高学年から中学時代にかけて、よく里中満智子の『天上の虹』という、日本の飛鳥時代を舞台にした作品を読んでいたのだが、教科書ではイマイチわかりにくい壬申の乱の説明や古代皇族たちの系図が物語上でイラストとして再現されていたので、脳に一切の負荷をかけずに自然と覚えられた。物語を楽しみながら重要事項の暗記が出来るということも、マンガ勉強法の良い点だ。

⑦　加えて、ふきだしのセリフを読むことがほぼ読書に近いこともメリットとして紹介しておきたい。実際に読んでみるとわかるのだが、マンガのふきだしや登場人物の独白を丁寧に一つ一つ読もうとすると結構疲れる。実際、私は『あさきゆめみし』のセリフ部分をじっくりたどりつつ、文庫版全七巻を読破しようとしたことがある。やってみたらまるで絵を見ながら同時に重厚な小説を読んでいるような感覚がして、二巻目の前半で一旦力尽きてしまった。しかし、頑張って読み切ってみたら、学校の教科書の長文が以前よりもあまり苦ではなくなった。今振り返ると、私はマンガによって読む体力を知らず知らずのうちに鍛えていたのかなと思う。

⑧　マンガと勉強は相容れないものとして受け取られがちだ。親や教師にも、マンガは勉強の邪魔だと捉える人は少なからずいるだろう。しかし、内容やジャンルなどの判断を間違えなければ、マンガを勉強の道具として活用することは十分可能だ。もし今あなたが受験生であるならば、本屋の参考書コーナーに寄ったついでにマンガコーナーにも足を運んでみることをオススメする。ぜひお試しあれ。

学生随筆例③

息を潜める「にわか」ファン

Y・C

『ラグビー歴史的勝利でにわかファン急増中』。最近、話題になったラグビーワールドカップでのニュースである。選手も昔からのファンも皆にわかファンを歓迎し、ラグビー界が大きく盛り上がったと言うニュースである。「にわかファン」とは、主にその物事を好きになったばかりのファンのことを指し、コアなファンとの対義語としてよく使用される。語源は江戸時代に素人が路上で行なった「俄（にわか）狂言」。「俄」は素人のことを指していた。現在「にわか」は「急激に変化する様」「一時的、一瞬」などの意味で使われている。

「にわか」は本来、ネガティブな意味で使われる言葉ではない。しかし近年、にわかファンを忌み嫌う人々がいる。芸能人のファンたちの一部である。中でも、男性アイドルの若いファンに多い。彼女たちは、好きな芸能人をどれだけ熱心に応援しているか、知識量を基準にして考える。そのため、まだ知識の少ない新規ファンは真面目に応援していないと考えてしまうのだ。この極端な考えが、せっかく興味を持ってくれた新規のファン、つまりにわかファンを遠ざけてしまう。

どれだけコアなファンであれ、最初は誰しもにわかファンである。その芸能人に興味を持ったら、調べ、イベントへ足を運び、交流の輪を広げようとSNSなどでコアなファンと交流を持とうとする。しかし運が悪く交流を持とうとした人がにわかファン反対派であれば、「そんなことも知らない奴がファンを名乗るな、イベントに来るな」と袋叩きにされ追い出されるのだ。せっかく好きになり、詳しくなってきた芸能人。しかしそのファン界隈を追い出されたくないにわかファンは、最初のうちは息を潜め知識を蓄えてから、さも昔から応援していたコアなファンの様にSNS上に出て行かざるを得ないのである。

最初に「ファンの一部」と言ったように、大半はにわかファンに優しいか、気にしていないかである。私があるミュージカルにハマった際も、SNSで交流を持った昔からのファンの方々に沢山のことを教えてもらった。上手側の端の席に座って手を伸ばせば、推しにハイタッチしてもらえる。下手側の大きな岩の装飾の内側の席に座れば、劇中のファンサを貰いやすい。朝早くから並ばなくとも、千円するパスを受付で買えば優先してシアター内に入ることができる。沢山の情報を教えてもらい吸収しながら応援を続け、私はにわかファンからコアなファンへと変わったのである。そのため優しいお姉さん方には感謝しているし、そうなりたいとも思っている。しかし、私を「コアなファン」と認識し交流を試みる「にわかファン」は、未だに低姿勢だ。ツイッターでの挨拶の常套句は「まだ好きになって間もないにわかファンですが、色々教えてくださると嬉しいです」。できるだけ丁寧に、恐る恐る話しかけてくる。同じ芸能人を応援し、盛り上げていきたい仲間なのに、何故新しいファンが低姿勢で大人しくしていなければならないのだろう。
芸能人を人気にして周りに広めていくには、本人の活動に加え、私たちファンが仲間を増やしていくことも必要だ。生まれたてのファンはコアなファンに餌を与えられてこそ早く成長し、根強いファンへと変わる。ファン層の拡大と推しの支援のために、にわかファンを歓迎する風潮を作りたい。

ネット上に作品を公開して、皆で共有しましょう。

個性的な作品が出揃いました。二度、三度とクラスメートとの批評会を経ているため、読み手の期待に応える作品に仕上がっています。クラス全員で、それぞれの感性を楽しみ合いましょう。

ステップⅣ 小説で創作経験を共有しよう

書評・評論・随筆と、異なるジャンルの文章を練習してきました。これまでの学習経験を基に、創作に挑戦してみましょう。想像の世界で登場人物を思いのままに動かす楽しさが味わえるはずです。

一　創作する経験

小・中・高の国語の授業において、情景描写や会話表現、登場人物の行動や心理など、文学作品を読み解く学習は十分にしてきました。これまでの読解学習の成果を、表現学習の場で活用してみましょう。立場を変えてみると、これまでに気づかなかった書き手の視点や表現の工夫が見えてきます。

浜本純逸（二〇一八）は、大村はまの創作指導の目的観について、次のように述べています。

> この（創作に関する…引用者注）一連の実践的提案の根底を支えていたのは、創作をさせるのが目的ではなく、創作力を養う、という目的観であった。大村はまは、創作指導を通して「何かを創造する力そのもの」を育てたいと考えていた。（傍線は引用者）p.6

筆者も大村はま同様に、学生に作家になってもらいたいというよりも、「創造する力そのもの」をつけてほしいと願ってこの課題を取り上げました。できる、できないではなく、まずは一度、やってみませんか。

1　課題と条件の確認

小説の特徴は、場所や時間の具体性、特定性にあると言われています。夏目漱石の「三四郎」や村上春樹の

「ノルウェイの森」と昔話の設定や主人公を比較してみればよくわかります。「昔、昔、あるところに、おじいさんとおばあさんがありました」で始まる昔話の主人公は、荒唐無稽な活躍をし、勧善懲悪の思想が定番です。一方、近代小説の場合は、具体的なディテイルをしっかり押さえたうえで物語が展開されます。キーワードはリアリティーです。特定のある日、ある所で、泣いたり笑ったり、反省したり不安を抱いたり、何らかの葛藤を抱えたリアルな人間が登場します。そんな想像の世界を構想してみましょう。

リアリティーを出すために、実体験が活用できますが、主人公はあくまで小説の中の登場人物であって、書き手と同一人物ではありません。フィクションですから、想像力を働かせて自由に行動させましょう。存在しないものをリアルに表現するのです。

今回の小説の課題条件として、リアリティーに社会性を加えます。登場人物の行動や性格に「切実さ」や「リアリティー」があるのと同時に、「社会的な視線」が加わると作品に深みが出ます。特定の個人と同時に、その人物が生きている時代にも目を向けたいのです。

創作課題として小説を書く目的は、創作する力を養うこと、そして制作の条件は、リアリティーと社会性、字数はとりあえず、三〇〇〇字程度としましょう。

2　これまでの学生による小説の題目

・赤いダリアの花束　・それでも兄　・星月夜　・音色の行方
・はじめての治験　・卒業式　・軽快な家庭　・手を引かれたら
・手の感触　・幕が上がらない　・アンダンテに生きたい　・指定校推薦
・七夕の雨（初恋）　・五十キロ競歩大会　・旦那さんは韓国人　・伴奏

・図書館戦線異状なし　・雑音　・猫の参列する葬式　・ナツツバキが咲く庭
・自転車と僕　・ネットいじめ　・個性的な客たち　・誰かに「見られて」いる

【参考】
小説は作家の頭のなかの空想とか、妄想《もうそう》から生まれるのではなく、現実のなかに隠れているのだ。その現実を体験した人が、それを言葉にしたとき、それはそのまま物語になる、というふうに思えてきます。
小川洋子（二〇〇七）『物語の役割』ちくまプリマー新書 p.39

班活動1　小説のアイデアの意見交換

→巻末資料No.1　意見交換報告書 を使います。

小説はこれまでの文章の中でもいちばん自由な形式です。自分の伝えたいことを物語に託して読者に届けましょう。

『二百字作文練習』で、風景描写、人物描写、そして出来事を書く基礎練習は積みました。それらの作品の中からどれか一つを選んで、物語を膨らませることもできます。日ごろ、さまざまな小説にも馴染んでいることでしょう。お気に入りの物語の設定を真似て、作りかえてみるのも一法です。

伝えたいこと（主題）のすでにある人は、どんなストーリーにして、主題を託すかを、何の手がかりもない人は、これまでの学生の題を参考にしたり、自身の体験を振り返ったりして、構想を広げましょう。右記【参考】の小川洋子が言うように、「現実のなかに」物語は潜んでいます。

二　物語の構造

1　ナラティヴ・ストラクチャー

物語には、「ナラティヴ・ストラクチャー（物語構造）」と呼ばれるいくつかのパターンがあります。三田誠広（一九九五）は、「父と子の葛藤」、「男女の三角関係」、『ロミオとジュリエット』型の「男女の悲恋」などを例としてあげています。どの時代にも普遍的に存在する複雑な人間関係とそこに生じる心の葛藤は、読み手に好まれる題材なのでしょう。他にも、「初恋」、「友情」、「家族の絆」など、いくつものパターンが考えられます。

こうしたパターンに、個別の設定（時代や登場人物）を施して肉付けしていけば、いくつものバリエイションが生まれます。誰にでも書けて、しかもどれひとつとして同じではない物語の誕生です。

「発端・展開・クライマックス・結末」の時系列で、出来事をありのままに述べてストーリーを展開してみましょう。フィクションではあっても、読み手が、追体験できるように、リアリティー（迫真性）をもたせることが大切です。同時に、登場人物の生きている時代や社会的背景もきちんと描きましょう。

主題を何にするかということはあまり気にせずに、何について書くかという程度の認識で書き進めても大丈夫です。事実や出来事をありのままに描くことがリアリティーを生み出します。主題は、書いているうちに見えてくるというのが実際的です。

いつ、どこで、誰が、何を、なぜ、どう行動し、その結果何が起こり、最後にどうなるのか、５Ｗ１Ｈに沿って、徐々にストーリーに肉付けしていきましょう。

小説の中の世界がどこで、誰によって捉えられているのか、まずは全体を自分（書き手）の目で構成します。

取り上げる出来事をいくつか決めて、それらをどう関係づけて場面に分けるかを考えます。起こった順に書き並べてみてから、自分の伝えたい思いや事柄がもっとも効果的に伝わるように、場面を入れ替えたり、伏線を敷いたりして組み立て直すといいでしょう。場面ごとに強弱をつけ、ヤマ（クライマックスシーン）は密度を濃くして描くことが大事です。

書き手の目を主人公と重ねて「わたし」として書くのはそれほど難しいことではありません。内面の描写にリアリティーをつけるためにも効果的です。しかし、「わたし」はあくまでも作品の中の「キャラクター」であると捉え、一度、客観視してから書き直してみると、表現が大きく変化することがわかります。「わたし」を「彼」や「彼女」に転換して書き直してみてください。あるいは、「彼」や「彼女」を、「和夫」や「尚子」といった固有名詞にして書き直してみるのもおもしろい経験です。「わたし」を使って無意識に書いていたときと比べると、より客観的に対象（風景や他の登場人物）を捉えることができます。それまでは気づかなかった風景や主題が見えてくるかもしれません。

2　アウトライン作成

→巻末資料No.11、No.12、第一次、第二次小説アウトライン を使います。

■小説アウトライン評価規準

・プロット（構想）に無理がない
・リアリティー（存在感・臨場感）がある
・メッセージ性がある

学生小説第一次⒀アウトライン例①（赤字は合評前の教師評）

題（　未定　）　S・N

主題文　自分の中の父親像について　↑　これを通してどんなメッセージを伝えるのでしょう。

1　回想　…○幼い頃の父との記憶

自転車の乗り方教わる

絵を習う

塾の送り迎え

○離れて暮らすことになる

大学に進学した

現在の再会

「ナラティブ・ストラクチャー」は、上手く取り入れるとおもしろくなりますが、図式的でワンパターンに陥る危険もあります。「切実さ」を出しましょう。自分をよく思い出すことも大切ですが、父親の存在感を示すことも重要です。

事前の自己評価

小説が書けるとは思えない。何をどうすればいいのか、漠然としていて不安がいっぱい。

合評欄

・家族とは一番身近な存在なだけに書きたいことがたくさんあって、より細部にこだわって書けそうですね。幼いころの父の記憶が読む人も体験したように感じられるように書ければいいと思います。Ｉ・Ｙ

・「親との記憶」は誰もが持つものですから読者がすんなりと入り込めそうな題材だな、と思いました。書き出しから、回想で始めてしまうと、単なる時系列となり「回想」感が出ないように思います。初めに「現在」の視点を入れてもいいかなと感じました。Ｔ・Ｙ
・前の方にも指摘がありましたが、当時の思い出や父の行動を現在ではどう思っているのかを書くと面白いと思います。絵を習うというのが特徴があって気になりました。Ｉ・Ｒ
・ご自身が体験したことをテーマにされているので描写が説得力という点では他の物より一段上になると思います。楽しみです。Ｋ・Ｙ

事後の自己評価

「回想の前に現在を挟む」「現在どう思っているのか」という指摘。とても参考になった。

第二次（第一次改定）アウトライン例①

題　芸術家の父　　　　　　　　　　Ｓ・Ｎ

主題文　父親像の変化

（ずっと何を考えているか分からない父だった。漸く少し分かったかもしれない。）

1　書き出しシーン

八月のとても暑い日、七年ぶりに父親に会いに行く。

教室兼アトリエの階段を上る。

ボロボロになった絵画教室の看板。

2〜4〈回想〉

そういえばこのボロボロの看板新設した当時一緒に作った。

父との思い出（基本アトリエにこもって家には帰らない）

・自転車の乗り方を教わった。↓　今でも父親の存在を感じられる。

・教室で生徒さんに交じって習った。↓　父を独占したいと思った記憶。
・美術の課題をまかせて、表彰された。
・日能研の送迎（バイク）↓　バイクが恥ずかしかった。
・中三の八月から家に帰らなくなった。
・誕生日　大学進学のお祝いメールすら来ない。

5〈現在〉
教室の扉を開けると3人の生徒さん。
レッスン中のようだ。
七年ぶりとは思えない自然な対応に動揺する。
父がおやつを買いに出かけた。
僕の分だけ多かった。↓　不器用な人なのかもしれない。

事前の自己評価

第一次の時に思っていた漠然と何をしたらいいか分からないという不安が、アウトラインを書くことで少し緩和し、書けそうな気がしてきた。

合評欄

・現在と過去が濃密な回想によってつながっていてよいと思った。
　殊に回想シーンに様々な感情を誘う場面が散りばめられているのが面白いと思った。結末のその先が気になる。　K・A
・アウトラインを読んでいるだけでもありありと物語が思い浮かんできました。父に対する様々な思いが多くの人にささりそうです。　O・T
・父親像が変わっていく様子が面白い。現在の父親像についてはっきりとした答えが出された方が物語が締ま

るのかなと思った。 O・M

・現在の父親が気になりました。美しい物語が読めそうで楽しみです。 T・K

事後の自己評価

物語の締め方を検討する必要があると感じた。回想のシーンの移り変わりも十分検討が必要だと思った。

小説第二次アウトライン例②

仮題　アンダンテに生きたい　N・A

主題文　強豪吹奏楽部の闇を通して、人間の習慣や考え方は簡単に変わらないということを伝えたい。

1　書き出しシーン
「夏のコンクールが近いため、上級生はオープンキャンパスに行くのを控えてください。」というお達しが来たのは、高三の八月のことだった。

2　吹奏楽部の説明
メンバー・部則・朝練・制服・演奏会のことなど…

3　コンクール（直前・当日・結果）
遠征・部員の様子・袖の様子・表彰
☆遠征先の合奏で「Tempo Primo（曲の初めの速さで）」を守るようにとの指示を散々されることを表記。

4　卒部後の影響
〝私〟や周りの進路・現役のときから変化しないところ
☆高校生のときの生活（自分にストイックになりすぎる生活）を改め、毎日の生活に休息を取ろうとするが、うまくいかず…　結局大学生になっても現役時と同じような生活を送ってしまうことを「Andante（ゆっくり歩くような速さで）」で表す。

☆保護者・部活の顧問の視点をここで加える。

事前自己評価

自分の中では大体作り上げているが、アウトラインという形でまとめるのが難しく、箇条書きになってしまった。

合評欄

・コンクールのシーンが山場になるんですかね。闇っぽさが前面に出るとより面白いと思います。N・H

・音がない文章で吹奏楽を扱うのはなかなか難しいのでは？ と思いましたが、人間関係に重きを置いていてなるほどと思いました。温かい文章が書けていますね。N・K

・小説版『青空エール』のような感じですかね？ スポ根的な世界観を教えてくれそうで面白そうです。H・S

事後自己評価

記述なし

小説第二次アウトライン例③

題 ある二人の話

主題 叙述トリックを応用して、読者を騙すことに挑戦してみたい。

U・N

1〈女性Dの証言〉男性Aの帰りをいつものように待っていた。が、帰りがいつもよりも遅い。仕事で疲れているであろうと考え、男性Aの家で家事をして待っていた。しかし定時よりも二時間以上遅い。飲み会の予定も入っていなかったはず。さすがに不安を感じる。

2〈男性Aの証言〉その夜、彼女と会う約束をしていた。しかし仕事がかなりてこずり、定時をすっかり過ぎていた。急いで携帯の履歴を確認する。彼女から「お疲れ様です。お仕事おつかれさま。外食をするって話だったけど、おうちで食べよっか。準備して待ってます」という旨のメールが届いていた。急いで帰る。…なんとなく嫌な予感がした。

3〈女性Dの証言〉きっと温かいご飯を食べたいよね。料理をして待っていることにした。作りながら、新婚生活ってこんな感じなのかな…と妄想し照れる。突然玄関からガチャガチャという音。男性Aが返ってきたのかと出迎えの準備。そこにいたのは血走った目の女性だった。

4〈男性Aの証言〉というのも、最近ストーカー被害を受けている。ストーカーの行動はどんどん過激になってきている。彼女が無事なのか非常に不安になってきた。家に帰ると妙に静かだった。散らばった二足の靴。片方は彼女のものだが、もう一つは見覚えがない。心臓が早鐘を打つ。

5〈女性Dの証言〉突然入ってきた女性の言動が意味不明であり、「男性Aは自分の恋人だ」と主張➡男性Aのストーカーであると考察。(以下、その女性をストーカー(仮)とする)ストーカー(仮)と口論。ストーカー(仮)を刺殺してしまう。

6〈男性Aの証言〉リビングで、見知らぬ女性が自分を出迎える。その傍らには恋人の死体が。→女性Dが真のストーカー、ストーカー(仮)が真の男性Aの彼女だと判明。また、いままでの話が警察の取り調べであったことも判明。

事前自己評価

叙述トリックというのをやりたい。ショートショートサスペンス。警察での証言をもとにストーリー展開。被害者(泣きながら証言するか弱い女)だと思われた人が実は……(犯人・確信犯)というところまでもっていきたいなあ。

合評例

・映画とかにもありそうなおもしろい構成ですね! どんな事件か気になります。 C・M
・すごいテーマ!! おもしろくなりそうです。書けたらすごいです。 G・S
・ミステリーですか? おもしろそうですね! 背景も知りたいです。 D・M
・ミステリーを扱うところ流石です。謎のストーリー作る感じで、上手そう。 T・K

事後自己評価

実は5年ほど前に思いついたアイデアではあるんだけど、内容をうろ覚えなので、書けるか心配。

【参考】

小説は、書き手の自己満足の手段であってはならない。現実から逃避するためのシェルターであってはならない。小説というのは他者へのメッセージであり、想像力を媒介とした魂と魂のコミュニケーションの場なのだ。

三田誠広（一九九四）『天気の好い日は小説を書こう』朝日ソノラマ p.3

小説はまったく初めての経験で、どうしてよいかわからない学生も、以前から小説に憧れ、構想を温めていた学生も、一次から二次へとアウトラインで全体像を膨らませながら合評に臨むと、書くべき場面や主題が見えてくるようです。批評の助けを借りて、効果的な展開方法が見つかることもあります。

想像の世界に羽ばたきましょう。クライマックスに向かって、伏線を張ったり結末に余韻を残したり、これまでに培った表現力を総動員して、作品にメッセージを込めましょう。

三　記述と推敲

1　小説の書き方あれこれ

この項は、主として三田誠広（一九九五、一九九六、一九九七）を参考にしています。大学文学部で「小説創作」の演習を担当したときの講義が基になって書かれた本です。

＊　ストーリーとプロット

まず、何が起きるか（＝ストーリー）を考え、そして、そのどの部分を切り取り、どんな順序で、どのように描くか（＝プロット）という手順で話を考えましょう。

ストーリー　出来事を**時系列順**に並べたもの。

プロット　語る順番にならべたもの。「素材となる出来事＝ストーリー」を、どのように語るか、つまり、時系列順ではなく、語る順番で並べ直したもの。誰の視点で、どこから話し始めるか、一つのストーリーに対して、いくつものプロットのパターンが考えられます。

＊　リアリティー

リアリティー（迫真性）をもたせるために、登場人物に存在感を与えましょう。想像力と五感（視覚・聴覚・嗅覚・触覚・味覚）を働かせて、あたかもその人物が、目の前に居るかのように、臨場感のある描き方が必要です。

＊　こんな言葉は使ってはいけない

話の中で、「**孤独**」・「**絶望**」・「**愛情**」・「**希望**」・「**感動**」などを伝えたくても、これらの言葉をそのまま使って、説明してしまってはいけません。話の筋を作って、場面をきちんと描写して、追いつめられた主人公が孤独に生きているそのありさまを「孤独」という言葉を使わずに描写する。書き手が勝手に解釈をしたり、理屈で説明したりしないで、主人公がその目で見、見えたものだけを描いて、「孤独」や「絶望」、「愛情」や「希望」、「感動」などを読み手に伝えるのが小説です。

読むのに苦労しない小説のポイント十カ条　（三田（一九九五）pp.258-264 より要約紹介）

① **文章が読みやすい**　なるべくシンプルな、短い文章を書く。意味のとりにくい代名詞を用いない。

② **興味を惹くプロットをテンポよく展開する**　読者が飽きたりイライラしたりしないように、テンポアップが必要。

③ **シチュエーションをわかりやすく示す**　とくに冒頭部分。いつ、どこで、何が起こっているのか、主人公は何ものなのかを明示する。とくに何と何が「対立」しているのかをはっきりとさせる。

④ **魅力的なテーマを早い段階で示す**　何を描こうとしているのか。読者が飽きる前に、時代のタイムリーなテーマを提示する。テーマは、ストレートにではなく、「対立」の構造の中で書き進めると深まりが出る。

⑤ **主人公および主要登場人物の魅力的なキャラクター**　シンパシーの持てる人物にする。同性なら自分を投影できる人物、異性なら好きになれる人物を。単なるパターンではなく、人間として存在感を感じさせる人物が良い。どこか屈折していたり、謎めいた過去があったり、何かしら気になる人物。

⑥ **ストーリーの謎めいた展開とサスペンス**　読者に「どうなるのか」という興味を持たせる。

⑦ **イメージ豊かな描写　―人物の表情と風景―**　言葉による映像的な表現を意識する。主人公が見ている風景をしっかりと描く。顔や表情も言葉を費やして描写する。

⑧ **細部のリアリティーと臨場感**　読者を作品の世界に引っ張り込み、ハラハラドキドキさせる「本当らしさ」の演出が必要。細部のリアリティーが全体の「本当らしさ」を支える。

⑨ **ユーモア・ウィット・ギャグ（下品になったり度が過ぎないように）**　理屈や価値観を押しつけない。下品になったり、ナンセンスの度が過ぎないように注意して、適度なユーモアで作品の幅を広げる。

⑩ **「深さ」への予感**　ただ面白おかしいだけではない、何かしら「深い」ものを伝えようとしている、そういう作品であることを「予感」させるような気配が必要である。

【参考】
人間には必ず、二面性があるのです。つまり、内部に「対立」をはらんでいる。主人公の目には片側しか見えていないのに、作者の方はもう一つの面をしっかり見ていて、主人公には見えていないもう一つの面があることを、気配としてそれとなく示す。それがうまくいった時に、作品は「深く」なるのですね。

三田誠広（一九九五）『深くておいしい小説の書き方』朝日ソノラマ pp.307-308

三〇〇〇字程度を目安[14]に、一部分（発端・展開・クライマックス・結末のどこか）を書き上げる。当初から上手に書こうと思いすぎないように。シーンをつないでいくつもりで、まずは1シーンから。できれば前後の2、3シーンを。もちろん、書き上げられる人は全体を。

2　草稿の作成

草稿の作成は宿題です。1で、記述の参考になると思うものを紹介しました。アウトラインに沿って、想像の世界を描き出しましょう。

班活動3　小説草稿の合評会

→巻末資料No.13　小説草稿合評　を使います。

■小説草稿の評価規準

・作品が観念的ではない
・情景や人物描写にリアリティーが感じられる
・社会的視野が広く深い

アウトライン合評時の評価規準とは異なっています。学びの深化に合わせて、評価の観点も変化します。学習目標が、作品のなかでどの程度達成できているか、評価規準をもとに評価し、今後の改善につなぎましょう。

小説草稿合評例①

芸術家の父　S・N

事前自己評価

途中で二千字に達してしまった。推敲を重ねて、どうにか二千字程度で完結できるようにしたい。

合評欄

・とても不思議な物語で、引き込まれました。父と会わなくなった原因がもう少し濃く描かれると読み手が納得しやすいと思いました。駅の描写が細かくてリアリティがあると思います。　I・Y
・父との思い出。父のことをどう思っているのかがよく書かれています。父側からの視点がないことで、会ったときの反応がわからないように仕掛けられているように感じました。　評者不詳
・描写が丁寧で良い。もう少し物語や僕の感情に動きがあると、よりおもしろくなるかなと思います。　O・M
・とても素敵な世界観だと思いました。父親のあたたかさというか、子どもを思う気持ちが伝わってきて、とて

もあたたかい気持ちになりました。　S・M

・父と出会う前から回想シーンに入って、父の存在を明かしていきながら、実際に父と出会うという展開がすごく良い！　じっくり読み直したい作品でした。評者不詳

事後自己評価

自分が知っているシーンが読者に伝わるように工夫した。それが好評で良かった。評論文などよりも、書き出したら止まらなかった。

教師のひとこと

第二次アウトラインでプロットの配列を修正しています。回想から現在へと続く時系列の構成を、現在から回想場面に移り、後に再度、現在の父親との再会場面に戻ってくる構成にしました。読み手の批評を参考にアウトラインが修正され、物語が無理なく展開しました。丁寧な回想場面の描写によって、「社会人になる前に父親との関係を見直したい」という書き手の思いが伝わります。

班のメンバーや書き手自身も述べるように、主人公の気持ちの変化をはっきりと書き込んで、作品としてのまとまりを見せるのも一法かもしれません。しかし、主人公が回想場面を通して、内面において父親と十分に対話している様子がリアルに表現できているため、かえって読者の想像力をかき立てる作品になったとも言えそうです。

小説草稿合評例②

音色の行方　N・A

事前コメント

当初、小説創作に当惑しながら、最終的には楽しみながら制作を進める様子が印象に残りました。

文字数の関係で、アウトラインと違った内容になっています。題は「音色の行方」に主題は「強豪吹奏楽部の内部事情・音楽の素晴らしさを知ってほしい。」に変更しました。

本当は続きがあるんですが、文字数の関係上かなりボリュームが出てしまったので、キリが悪いですがここで一度ストップさせてください…。ちなみにこのあとは、コンクール直前の練習・本番当日と場面は流れていきます。

回覧前自己評価

すみません、全て書ききれなかったので、コンクールの前までの部分で失礼します。ここまでで内部事情が伝えられたらと思います。

合評欄

・でだしの高校を思い出させてくれるような描写が素敵だと思いました。ここまでは割とポップな感じ（ユニークな部則とか）だけど、コンクールへ向けて一波乱あるんだろうなと続きが楽しみになりました。M・N

・ユニークな部則もさることながら、Cメン・Mメン・Gメンのメンバー争いなど自分にはこういう経験がないものの、想像はつきました。本番を終えたメンバーたちの様子が見てみたいと思いました。D・K

・吹奏楽には詳しくないですが、場面がしっかりと伝わってくる、わかりやすい表現でした。冒頭の教室の描写が綺麗で好きです。主人公もしくは登場人物のキャラクターが見てみたいです。Y・C

・全然吹奏楽を知らない私が読んでも分かりやすいステキな文章☺ つらい（厳しい）部活が嫌だったのか、はたまた吹奏楽ってステキ！ 最高！ という面を押し出すのか、その両面性を描くのか。語り手の思考を統一すると伝わりやすくてさらに良いかもしれないです。H・Y

事後自己評価

前半で吹奏楽部の辛さ・厳しさが伝われば、と思ったので、伝わってくれてほっとしました。後半のコンクールに向けての場面で、吹奏楽部の楽しさ・音楽の素晴らしさが出せればと思います。

教師のひとこと

ステップⅠの書評で『蜜蜂と遠雷』を取り上げた学生の作品です。書き手の音楽の知識と経験が今回の創作文においても十二分に役立っています。たとえ読者の側に同じ知識や経験がなくても、文章の密度の濃さは、文章の力となって伝わるものです。自分の興味関心、知識・技能を文章表現の分野に応用しているという点で、N・Aは、書評についても、創作についても、上手に題材および主題を決定したと言えるのではないでしょうか。科学者や画家、建築家など、いずれの分野においても名を成した人には名文家が多いものです。何事においても知識を積み、技芸を磨けば、それらは自ずと文章表現の分野においても通用するということなのでしょう。

小説草稿合評例③

ある恋人の話

U・N

本人のコメント

長編になってしまった場合、最初の二千字で良い、とのことでしたが、私なりに頑張って完成させたので、全文を提出します。

教師のひとこと

小説の課題が出た時点から、書く意欲がみなぎっていました。第一次アウトライン作成段階から全体像が固まっていました。アウトラインの合評会で、メンバーから書き上げてほしいという声援を受けたこともあって、一気に書き上げました。ただし、草稿は合評会に間に合わず欠席したためにメンバーからの批評はありません。

提出稿では、改行による場面転換、―や……を使った会話表現、など、表記面でも工夫が見られました。マイペースな創作態度でしたが、授業中の短い期間に、サスペンスの短編を書き上げたことは自信につながったことでしょう。

小説草稿合評例④

奇妙なバイト

T・K

回覧前の自己評価

第一次構想から内容を大幅に変更しました。タイトルと、登場人物の説明がちょっと少ないかなと思っています。

合評欄

・とても面白い物語だと思います。結末のところ自分も評価される対象になったという点が前の文に出た、「失礼」「あまり良い」にかかっているように思います。よく言われる「顔」を主題にしてユニークで素晴らしいです！　S・S

・おもしろいと思います。あまり説明っぽくないのも良いです。I・M

・面白いです。構成も良く、特に言うことがないです。M・K

・世にも奇妙な物語みたいですね（笑）。

登場人物二人の性格を何か際立たせることができると更に良いと思います（会話とかで）。S・M

回覧後の自己評価

ご指摘の後に、村下彩芽が着ている洋服に関する記述と、匂いについての記述を追加しました。会話は良い会話が思いつかず、追加できませんでした。

作品についての説明と感想（太字は引用者）

ルッキズム（外見至上主義）を主題とした物語である。ルッキズムの「見る」側と「見られる」側という視点について描こうとした。ルッキズムは評価の問題であり、「見る（＝評価する）」側は「見られる（＝評価される）」側に対して圧倒的なパワーを持ち、時に「見られる」側は自分が評価されていることにさえ気付かない。また最後のVの場面では、「見る」側は同時に「見られる」側となる場合があり、ルッキズムの「見る」「見られる」という視点は固定的なものではなく、無限に連鎖すること、外見における一種の闘争状態であることを描こうとした。

主人公については極力特徴を省き、普通の人として描写することを心掛けた。ルッキズムにおいて、特徴のない普通の人間こそが一番の強者であるからだ。くわえて、地名やブランド名など固有名詞を多く用い、リアリティーを出そうとした。会話を少なめにし、日記調で書くことによって、読み手が「僕」の体験を追体験し易いようにしたが、もう少し会話を入れても良かったかもしれない。

また、ルッキズムを題材にした理由は、完全な思い付きである。アウトラインの段階で社会的視点も取り入れてくださいと指摘されたので、『**現代思想　9月号**』（二〇一九）に載っていた、**西倉実季氏の「外見が「能力」となる社会」**という記事を思い出し、ルッキズムを題材に据えようと考えた。

くわえて、前回の構想段階から大幅に内容を変更した理由は、**イデオロギーの全く異なる二人の作家の作品を組み合わせ**れば面白い物語が作れるのではないかと考えたからである。今回は**百田尚樹と村上春樹を組み合わせ**てみた。**ルッキズムという漠然とした題材**が頭の中にあったので、それについて描いた**百田氏の『モンスター』**を、**村上春樹『ねじまき鳥クロニクル　第一部泥棒かささぎ編』の第九章のプロットに当てはめてみた**のだが、意外としっくりきて自分でも驚いている。

最後に、この作品は完全なる**創作**であり、「**僕」は私（T・T）ではない**と主張しておきたい。合評会で実話として処理されたような気がしたからである。私はもっとまともで良い性格をしているし、ちゃんと女子高生からモテる。そして青砥にも住んでいない。それに、もし美容整形業界がこんな調査をしていることが発覚すれば、絶対に社会問題になるだろう。

教師からひとこと

日ごろから評論や文学作品をよく読んでいる様子がうかがえます。それらから得た思想や構造、表現を参考にしつつ、自分の作品に取り込んでいます。

「作品についての説明と感想」から、創作が楽しめるようになるには、日ごろから創作作品に親しみ、評論などを通して、時代の動きにも敏感であることが必要なことをクラス全員が学びました。

3 提出稿
学生小説例①
芸術家の父

S・N

七年ぶりに降りた相鉄線星川駅は、僕の知っている駅ではなかった。常に工事中だった星川駅も、昨年高架化工事を終えたそうだ。横浜から県央に伸びるローカルな相鉄線の田舎くさいイメージは、ヨコハマのお洒落なイメージに刷新されていた。清潔で快適な駅を出ると息苦しい暑さに閉口した。八月も三週目だというのに一向に暑さが収まらない。今朝見た天気予報では、今週も最高気温三十度を超える猛暑日が続くそうだ。久々に降り立つ駅前のロータリーが小さく感じられるのは、自分の体が成長したからだろうか。駅から三分、山側へ歩くとアトリエ兼絵画教室がある。父に会うのは七年ぶりだ。

どんな顔をして会えばいいだろう。まず何て言おうか。そんなことを考えているうちに、アトリエの入るビルの前まで来た。アトリエは、三階建ての古い雑居ビルの三階にある。階段を昇ろうとした時、ビル一階の美容院の入口の横に絵画教室の看板が見えた。「スタジオつう絵画教室、三階」。パレットの形を模した木製の看板は淵がめくれあがり、文字は白っちゃけている。ボロボロだ。ぼーと立ち止まって看板を見つめていると、ふと思い出した。そういえばこの看板、小三くらいの時一緒に作ったっけ。新品だったかつてのカラフルな看板が頭に浮かんだ。あれから経った月日の長さを実感した。

父は幼い頃からアトリエに籠りきりで、家に帰ることはほとんどなかった。そもそも自宅には常設の父の寝る場所というものはなく、父が家で寝る場合は、リビングに臨時の布団を用意して寝ていたくらいだ。とはいえ、父との思い出がないわけではない。自転車の乗り方を教えてくれたのは父だ。補助輪を外して自転車の後ろを支えてもらいながら前に漕ぎ出す。途中で父が支えるのをやめると自転車はぐらつき転んでしまう。だんだん不機嫌になっていく息子に根気よく最後まで付き合ってくれた。うまく乗れても父が褒めることはない。ただただ根気良く見守るのだ。

父はいつだって怒ることも褒めることもなく穏やかな表情をしていて、感情を表に出すことはまずない。小学校・中学時代の図工や美術の夏休みの課題を丸々頼んだ時も、嫌な顔一つせず引き受けてくれた。その作品が表彰されたことを父に報告しても、「そうか、よかった」。の一言だけだった。

一度小学五年生の時、生徒に交じって、絵画教室のレッスンを受けたことがあった。父はほかの生徒にかかりきりで、なかなか来てくれなかった。生徒さんが帰ってから不機嫌になって、当たり散らした記憶がある。それでも父は穏やかに「わるかったよ」とだけ言い、ジュースを買ってきてくれた。

小学校高学年になると、中学受験の塾に通い始めた。夜遅くになる時は、バイクで家まで送ってもらった。当時、バイクの後ろに乗っているのを見られるのが恥ずかしくて、裏の路地で待っているように頼んだ。どれだけ遅くなっても、薄暗い路地裏で、静かに息子が出て来るのを待っていた。成績が振るわなくて不機嫌な時も、テストの点がよくてテンションが高い時も、父はきまって「そうか。じゃあ帰ろうか」と穏やかな低い声で言うのだった。言いたいことは沢山あったけれど、その穏やかな声にいつも肩透かしを食らうようで、本音で語り合うなんて一度もしたことがない。

あれは中三の八月の事だった。劇的な事件があったわけでも、特別に引き裂かれたわけでもない。後々、その日が父と会った最後の日として記憶されることになったというだけのことだ。とりたてて別れの言葉も交わさずに、日常に紛れて父と会わない日々が続いた。そうして七年の月日が流れた。父の不在を実感する機会も特になく、悲しいとか寂しいという感情も特にない。自分が父をどう思うか、どんな感情かよりも、むしろ父が今どう思っているのかの方が気になった。

父に会おうと決心したきっかけは、書店で立ち読みした『社会人になるまでにしておきたい20のこと』という本の一説だった。「両親との和解」。なるほど、たしかに。あと半年で大学を卒業し晴れて社会人になるこのタイミングしかない。そもそも別に喧嘩別れしたわけではないので、和解という言葉は適切でないのかもしれない。それでも父が今何を考えているのか確かめてみたいと思った。これはまたとない絶好の機会だ。そう自分に言い聞かせて決心した。

アトリエに続く階段を昇り始める。生徒さんの作品が踊り場に展示されていた。どうやら、絵画教室自体はまだ続いているらしい。心臓をバクバクさせながら、教室の扉に手をかけた。

「失礼します」。扉を開けると、絵の具の独特な懐かしいにおいが鼻についた。無数の画材で埋め尽くされた教室のゴチャゴチャ感は、時が止まっていたかのように、七年前と何一つ変わっていない。高校生の生徒さんが三人いた。レッスン中のようである。父は、七年ぶりの息子の突然の訪問にも全く動じることなく、「おお、お前か。」と穏やかに微笑んだ。

学生小説例②

音色の行方（アウトラインの仮題は「アンダンテに生きたい」）

N・A

開け放たれた教室の窓から、色とりどりの音が響いてくる。ロングトーンを規則正しい拍数で練習しているずっしりとした低音。運指が難しいのか、さっきから何度も同じ箇所で止まってしまう木管楽器。ユニゾンで自由曲のメロディーを合わせているセクション。いくつもの音が幾重にも重なり、一つのメロディーになってゆく。私は放課後、教室の一番後ろの隅っこでこの贅沢な合奏を聴くのが好きだ。皆で一斉に合わせている訳ではないのに、一つの曲に聴こえるこの感覚。

度重なるタンギング練習で疲労が溜まっている唇を休めながら、酸欠で頭が少しだけぼうっとしていることに気づく。霞んだ思考の中、あ、今日は顧問の合奏だったっけ、やばいなー、あのパッセージまだ吹けないんだよなー、今日あそこやるんかなー、と、とりとめもなく考える。

開けたままの窓から十月にしては生ぬるい風が入り、私はじっとりと手が汗ばんでいるのを知る。さっきから三分も進んでいない時計の針を恨めしく睨みながら、太陽の光がさし、きらきらと光っている手汗をタオルでごしごしと拭き取った。私は再度楽器を構え、あとで顧問に怒られないように、合奏前に少しでも足掻こうとまだ吹けないパッセージの練習を始めた。

私は中学からずっと吹奏楽部に所属している。うちの高校は公立校ながら部活動が盛んで、中でも吹奏楽部と野球部は全国で見てもトップレベル。いわゆる強豪校である。そのため、始発電車に揺られ朝の六時には楽器を吹き始めているし、逆に夜は九時過ぎまでひたすら練習したあと、上級生はそれぞれの係の仕事が待っている。結局、帰るのはいつも一一時過ぎで、そこから寝ても睡眠時間は五時間以下。そんな生活を毎日続けてもピンピンしている私たちって、やっぱり若いんだなと実感する。

でも、強豪校は練習時間だけがキツいんじゃない。むしろツラいのが練習時間だけだったら、どれだけ楽なことか。うちの吹奏楽部は部則が変わっていることで有名だが、当の本人たちにとっては耐え難いルールでもある。

部則その一。ＳＮＳ禁止。私たちのＳＮＳの定義は、アカウントを作成するアプリ全般のこと。Twitter やインスタはもちろん、ＬＩＮＥも禁止だから、部員同士で連絡を取り合うときは電話かメールのみ。青春真っ盛りの高校生がインスタの一つもやらないなんて、とよく周りから気味悪がられるのも慣れてしまった。でも私たちは実際にSNSなしで生きているんだから、現代人はどれだけスマホに依存していることか知れない。

部則その二。制服は、女子：膝下二五センチのスカート、男子：学ランの一番上のボタンまで閉める・袖はまくってはいけない。どこのスケバンだろうか。高校の近くなら、「部活頑張ってるわね、お疲れ様」の一言くらい掛けられるものだが、私の地元じゃそうもいかない。下町とはいえ東京二十三区内にある自宅からこの格好で通うのには、かなりの勇気がいる。始発とは言え、乗客がいないわけではない。そんな中、くるぶしすれすれの長いスカートを履いて乗り込んできたらどう思うだろう。目を合わそうものなら素早く逸らされ、座ろうものなら隣は常に空いている、そんな状況になるのだけはごめんだ。だから高校三年間、私は四十分間座ることなく電車に揺られ続けた。

部則その三。恋愛禁止。アイドルか。思わずそんなツッコミが流れてきそうなルールである。でも、うちの吹奏楽部ではこれが大真面目に通用しているのだから驚きだ。うちの顧問いわく、昔は部内恋愛が禁止なだけで、部外恋愛は容認されていた。しかし、どうやらその掟を破った者がいたらしく、約束を守れない奴らに甘くしても意味がないと、部外恋愛さえも撤廃されてしまったようだ。

もっとも、初めから部則を守る気なんてない者も多くいる。実際、私もこっそりLINEを始めようかと思っていた矢先、事件は起こった。部員の一人が、サッカー部と恋愛していたことが発覚したのである。

その噂が出回った日の夜、部員全員が音楽ホールに集められた。雛壇には四人の顧問と、噂の女子部員。こってりと絞られたあとなのか、目の周りが赤く腫れ、兎の目のように充血していた。「皆に大事なお話がある」と切り出した主顧問は、その女子が規則を破ってしまったこと、皆も律儀に守っている中、これは許されざる行為であること、そのため何らかのペナルティが必要であることを淡々と述べていった。そして、ペナルティはメンバーを降ろされ、補助としてメンバーの手伝いをすること。それはレギュラーメンバーであった彼女にとって、最も重い処罰であり、屈辱であった。

この事件以降、私たちの代からは部則を破る者は出なかった。あの女子は私たちにとって、良い見せしめになったのである。

こんな部則に縛られながら、私たちは日々コンクールに向けて練習をしていた。コンクールは、地区大会・県大会・支部大会・全国大会と、順にレベルが上がっていく仕組みで、審査員によって課題曲・自由曲が点数化され、より高得点をとった団体が上から金・銀・銅に振り分けられる。近年はどの支部大会からも常連校と呼ばれる学校が出てきて、ある程度結果を予測できるようになった。私たちの高校もその常連校に入っていて、実力的には支部の中で一・二位を争うほど。全国大会への出場回数は五十を超え、全国で見ても有数の実力校である。

だが、常連校にも苦労はつきもの。合宿や遠征は毎月一回は入るし、楽器の修理代だって馬鹿にならない。金銭面も大きな問題だけど、何より人間関係がほんっとうに面倒臭い。うちの吹奏楽部は人数が多いから、メンバーも三つに分けられる。コンクールメンバー・マーチングメンバー・学校合奏コンクールメンバー。それぞれ省略して、Cメン・Mメン・Gメンと呼ばれている。この中でもレギュラーメンバーなるものがCメンで、二百人中五十五人しか選ばれない。もちろんパートごとに人数も違うから、高いところは倍率が十一倍にもなる。そこで選ばれた人・選ばれなかった人で諍いが起こり、メンバー間に亀裂が入るのが例年のお決まりだ。素直に祝福すればいいのに。それとも、私も同じ立場だったら妬むんだろうか。

学生小説例③

ある恋人の話

U・N

――私、いつものようにセイくんの帰りを待っていたんです。彼の勤める××証券の定時は二〇時。職場から家までは歩いて二十三分です。

だからてっきり二〇時三〇分には帰ってくるだろうと思ってたんです。でも、二十一時になっても帰ってこなくて…。彼は真面目だから、お酒を飲んだりしないで毎日まっすぐ家に帰ってくる人です。少し不安だったけど、きっとお仕事、遅くまで頑張ってるんだろうなと思って、いつものようにお家で家事をして待つことに決めました。

まずは最初にリビングのお掃除から始めましたね。それから…思い切ってお家で料理を作ってサプライズしようって考えたんです。

――僕、定時までキッカリ働いた後は、いつもまっすぐ家…△△マンションの三〇二号室、に帰るんです。職場には大体徒歩二〇～三〇分で家に着ける、なかなか良い立地でしょ？

　仕事終わりに彼女と会う約束をしていました。しかしこの日は運悪く、チームメンバーが大きなミスをしてしまい。とある顧客リストを一から作り直すことになりました。その日は、そのリストを制作することがノルマではあったので、残業していきました。

　作業を終え、時計を見ると二十一時二〇分。定時を一時間以上もオーバーしてしまったことにはさすがに疲労感を覚えましたね。

　携帯を開くと、彼女からメールが何件か届いていたんです。急いで残業をしていた旨をメールで伝えると、このメールが返ってきました。お見せしますね。

「二十一時二十四分　差出人　清水舞　宛先　高橋誠也　件名：お仕事遅くまでお疲れ様です。　本文：疲れてるでしょ。お家で何か作って待ってます。メニューはお楽しみ♪」

……あ、いや、すみません。ぼうっとしてしまって。いや、僕は大丈夫です。続けましょう。

　――メニューにはものすごく悩んだんですが、彼の大好物のじゃがいもがたっぷり入ったシチューに決定しました！え、料理を始めた時間？そうですね。掃除を終えて、その後スーパーに行ってお家に帰ってきたから…二十一時三十分ころかな。じゃがいもやニンジンを切りながら、セイくんと結婚したら、毎日こんな風に彼の帰りを待つことになるのかなって、ふと考えちゃったんです。同棲もまだなのにこんな妄想恥ずかしいですよね。でも、セイくんのお家で手料理をふるまうのは初めてのことだったので、舞い上がっちゃって。私、ホントに、とても幸せだったんです。

　…その後起こったことに関しては、鮮明に覚えています。セイくん、思い返せば一週間ほど前からずっとストーカー被害に悩んでいました。ほら、一週間前のセイくんのツイート、見てください。「最近、誰かにつけられているような…。僕のファンかな？（笑）」冗談まじりに言っているけど、私には、彼がものすごく怖がっていることが分かりました。毎日見てるんだもの、彼が悩んでいることくらいすぐわかりました。もっと私を頼ってほしかったな…。

　――僕は急いで家に向かいました。マイは、ほんの三日前にできたばかりの彼女でした。中学時代に同じ弓道部だったマイに、先日同窓会で会って、そのまま交際を始めたんです。彼女にはマンションの場所も教えてあったし、予備用の鍵の隠し場所も教えてありました。…はい、自動ロック付のポストの中です。暗証番号を打たないと開かない仕組みのものです。付き合い出してから日の浅い僕らだったけれど、たしかに固い絆で結ばれていました。僕も、彼女を愛していた。

彼女は中学時代から口下手な性格でした。でも、とてもやさしい、気配りのできる子でした。最近家に帰ると部屋が綺麗になっていることが多くて。でも、自分がやっただなんて、絶対言わないんですよ。中学のときも、部室の床が、毎日きれいに磨かれていることが多かったなぁ。床を掃除した者について質問しても誰も名乗りでないから、早朝こっそり部室を覗いていたら、マイがせっせと磨いていてね。思えばあのときから惹かれていたのかもしれないな…。

すみません、話が逸れました。実のところ家に急いだのは、マイに会いたい気持ちの他に、ストーカーへの不安・恐怖心があったからです。最初は少し目線を感じる程度だったのですが、最近では尾行されている気がしてならなくて…。四六時中監視されているような感覚に陥って、警察には事前に相談していたんです。ついにはツイッターでも個人宛によく分からない大量のメッセージが届くようになって、もうむちゃくちゃ怖くて…。

とにかく、なんだか胸騒ぎがして、家へと急いだんです。

――二十一時四十分過ぎのことでした。玄関の方向から、ガチャガチャという音が聞こえました。セイくんが帰ってきたと思った私は、火を止めて、玄関まで向かいました。そこで現れた人物は…セイくんではありませんでした。髪の長い女性が一人、立っていたのです。

私の顔を見て、途端に発狂しました。血走った眼で私を睨み、わけの分からないことをまくしたてながら、お家の中に侵入してきました。今思い出すだけでも震えが止まりません。その女性は、私に掴みかかってきました…。

―家に着いたのが二十二時過ぎでした。三〇二号室の前まで来て、扉が半開きになっていることに気が付きました。ポストを覗くと、鍵は入っていませんでした。マイがもう来ているんだ。そう思って玄関に足を振り入れました。しかしそこで、見馴れたマイの靴の隣に、知らない女性ものの靴があることに気が付きました。やけに静かなリビング。生臭い臭い。そして、部屋のあちこちに付着した、赤い液体。

心臓が、痛いくらいに激しく脈打ちました。僕は、ずるずると、足を引きずるようにしてリビングへ向かいました。

――私は無我夢中でお家の中を逃げました。その女性、「私の恋人の家で何をしている」「私たちの愛を邪魔するな」なんどと妄想じみた訳の分からないことを連呼するんです。私はゾッとしました。そして、狂気じみたこの人物こそが、セイくんのストーカーなんだと確信しました。

だって彼のことを誰よりも愛しているのは私です。彼の誕生日、血液型、趣味、大好物はもちろんのこと、家の場所、靴のサイズ、通勤時間、鍵の場所、携帯の暗証番号、昨日どこへ行って何を食べたのか…ずっとセイくんと一緒にいたから、彼のことならぜーんぶ知っているんです。ＳＮＳでも真っ先に反応して、彼の心の支えになろうと努めてたんですよ。それなのにあの妄想女、セイくんを「私の恋人」だなんて…。

　逃げた先はキッチンでした。女性は、大きな袋で私の頭を殴ろうとしてきました。とっさにその場にあった包丁を手に取りました。

　…ふと、部屋を見渡して。お部屋が汚れていることに気が付きました。きれい好きのセイくんのためにも、いつものようにお掃除しないと。それにしても今日は汚れが厄介だな、エプロンを付けて作業しよう…あぁ、エプロンも汚れちゃった。セイくんが帰ってくるまでに終わらせることはできるかなと心配になりながらも、いつものように喜んでほしいと思い、お掃除を始めました。それから数分後のことでした。玄関先から音が聞こえてきました。今度こそセイくんだ！　と思った私は、いったん作業している手を止めました。キッチンに、不安そうな顔をしたセイくんがやってきました。少しでも癒してあげようと思って、私は精いっぱいの笑顔で彼を迎えました。

　…ねぇ、これで知っていることは全部お話ししました。セイくんに会わせてください！　会わせてよ！　いつここから出られるの？

　――「セイくん、おかえりなさい」。血だらけのリビングで目にしたのは、満面の笑みで僕を迎えた、見知らぬ女性でした。

　…あぁ、刑事さん、お気遣いありがとうございます。しかし、とてもじゃないが食欲が湧かなくて…お気持ちだけいただいておきます。

学生小説例④

奇妙なバイト（引用者による部分紹介）

T・K

Ｉ

「ねえ、今日暇？　よかったら一緒にバイトしない？？」

というラインが村下彩芽から送られてきたのは、ある夏の日曜の朝だった。村下彩芽は僕が所属するマジックサークルの同期である。僕はその日特に予定がなかったので、

「何のバイト？」

と返し、ピカチュウが首を傾げるスタンプも一緒に送った。送ってすぐに、

「街頭調査のバイト、前話したじゃん」

と返ってきた。彼女が何やら楽で高給なアルバイトをしているらしいという噂は、複数の同期から聞いていた。僕は新しいスマホとパソコンを買うお金が欲しかったし、本当に暇だったので特に断る理由がなかった。「やる」と返事を送ると一一時半に広尾の駅で待ち合わせることになった。

Ⅱ

彩芽は一一時半ピッタリに僕の前に現れた。彼女はバレンシアガの黒いキャップをかぶり、濃い緑色のプリーツスカートの上に黒いシャツを着ていた。スカートとシャツはおそらく彼女が前好きだと言っていた、アニエスベーのものだろう。僕らは地下鉄の階段を上ると有栖川宮記念公園に向かって歩いた。公園には入らず、入り口付近で左折した。五分ぐらい歩くと四階建ての小ぢんまりとしたマンションがあった。二〇二号室がその会社の事務所だった。

（仕事内容の詳しい説明部分…略）

Ⅲ

中目黒で東横線に乗り換えた。休日の昼時だったので車内はとても混み合っていたが、すぐに自由が丘に到着した。南口改札を抜けると真っすぐ進み、僕らは緑道のベンチに腰をかけた。一二時五〇分。八月だったが、比較的涼しく、すっきりとした良い夏の午後だった。家族連れが多く賑わっていた。

一三時から二時間に渡って不細工な人の数を数えた。世間には実に様々な顔の人間が存在するのだなと思った。彩芽がAとかBとか言うと、僕はそれを用紙に正の字で書きこんだ。彼女は実に素早く的確に、不細工の度合いを三段階に区分していった。不細工なカップルが通りかかると「BB」や「AC」と、不細工な一家がやってきた時には「AABB」という風に彼女は早口で言った。彼女の声はとても小さかったので、僕は最初聞き取るのに苦労した。でも次第に慣れて、素早く聞き取れるようになった。また、はじめは業務内容的に躊躇いがあったのだが（僕の顔をその基準に当てはめると、おそらくBだった）、次第にそれにも慣れていった。むしろ終わりが近づくにつれ、楽しくなってきた。人の顔を評価するのってこんな面白いのだな。（略）

Ⅳ

僕らは帰り広尾にあるその会社に寄って調査用紙を渡し、報酬を受け取った。稼働二時間で７５００円。労働内容の割に悪くない金額だった。いや、即日現金払いで、この金額は寧ろ高いぐらいだった。僕らは報酬を受け取ると日比谷線に乗って帰った。彩芽は茅場町で東西線に乗り換えていった。僕は青砥に住んでいるので上野まで乗った。車内で不細工な人を見ると反射的に「A」とか「B」とか区別

する癖がついてしまっていた。それはあまり良いこととは言えなかった。上野に着くと僕は電車から降り、京成上野へと向かった。

V

京成上野へと通じる地下通路で、僕は二人組の女子高生とすれ違った。うしろから「今の人Bだよね」「いや私はAだと思うけど」という会話が聞こえたような気がした。

（二二三四字）

仕上げた作品を公開、共有しましょう。

書けたところまで、気軽にウェブ上にのせて、互いの作品世界を楽しみましょう。書く前には思いもよらなかった創作の楽しさが味わえるでしょう。

【参考】

自分という創造主は、ほんのちっぽけな存在である。短い人生と限られた経験から考え出せることは、狭く貧しい。しかし外部には無限といってよいほどの材料が転がっている。それらと融合できれば無限の通路が生まれる。

清水良典（二〇一二）『あらゆる小説は模倣である』幻冬舎新書 p.227

小説指導の後で

日頃の「一度小説を書いてみたい」という欲求を、この機会に思い切り楽しんだ学生がいる一方で、小説なんて、読んだこともないし、書こうと思ったこともないという学生もいます。小説を読まない学生には苦しい課題になったようですが、教育学部国語国文科所属の学生たちは、概ね楽しんでこの課題に取り組み、予想以上の作品を仕上げました。

授業の目的は、自ら構想し、主人公に託して日ごろの思い（主題）を表現することにあります。教育学部を卒業して教員になったときに、受け持ちの子どもたちの、さまざまなジャンルの文章表現に対する意欲を受け止めることができるように、「創作する力そのもの」をつけてもらいたいと期待して取り組みました。

著者自身も、高校時代に教師に恵まれて、物語制作のおもしろさを体験しました。教師は、必ずしもプロの作家でなくても、生徒や学生の表現経験の幅を広げる支援はできると思います。技術的な指導は、作家の書いた多くの書籍が参考になります。著者は、三田誠広の、偶然にも同じ大学における実践を基にして書かれた三冊の本に多大な支援を得ました。

国語教師は、多様な表現形式の経験をもち、学生たちの表現意欲を柔軟に受け入れ、適切に評価できる力の持ち主でありたいと願います。自分の経験外のことには手を出さない教師であっては、せっかくの学生の能力を押し潰してしまうことにもなるでしょう。

願わくは、小説という形式で自身の悩みを対象化し、客観的に捉えなおして、自ら解決策を見いだせるような学生たちであればと願います。「小説を読むことは登場人物の世界を疑似体験することだ」と言われることがありますが、同様に、「小説を書くことは自分の悩みや課題を客体化し、自分で解決していく手だてとなりうる」と考えられないでしょうか。著者は、小説の創作は言葉で人生を切り開く、まさに「国語科」にふさわしい学習課題ではないかと考えています。

注

（13）ステップⅣの小説の授業は、時間に余裕を持たせ、アウトラインも一次と二次の二回に分けて行い、話し合いの機会を多くした。第一次と第二次の間で飛躍のあったS・Nの二つのアウトラインを載せた。

（14）学生たちから、たとえ部分にしろ二〇〇〇字は短すぎるとクレームがついたため字数の目安を三〇〇〇字に伸ばし、それ以上は自由とした。

ステップV
レポートで一年間の文章表現学習を振り返ろう

一　探求すべき問い

1　課題と条件の確認

いくつかのジャンルの文章を書いてきましたが、最後は、文章表現学習の一年間を振り返り、成果と課題を報告するレポートの作成です。大学の多くの履修科目で、試験の代わりに課される「レポート」の練習を兼ねています。課題の詳細と条件は以下の通りです。

全員共通の課題　一年間の文章表現学習を振り返る（**学習と指導の両面から検討する**）

副題　―（**各自の内容にふさわしい題を付ける**）**―**

目的　自分が求める問いを立て、今後の課題解決（生涯学習と指導法の開発）につながるレポートを作成する。教育学部の必履修科目であることから、授業でも取り組んできた、指導面の考察も加える。

方法　学習の成果（主として後期中の課題・批評・自己評価）と引用文献を資料に分析・考察する。

＊　学年末レポートでは、一冊以上の文献を引用すること。

字数　ワードの原稿用紙設定を使い、横置きの縦書き入力、四〇〇字詰め6枚（二四〇〇字）以内とする。

これまでの課題と同様、意見交換の後でアウトラインを作成し、班ごとに合評会をしてから草稿を書きます。その後、再度、合評会を経て推敲のうえ提出します。

提出は電子媒体でインターネットを通して行いますので、最終的には全員で共有します。草稿段階で、一度クラスで回覧会を開きます。他人のレポートを読む機会は、他の科目ではあまりないと思いますが、文章表現法を学ぶ科目ですから、時間の許す限り読み合い、学び合いましょう。

字数が多いため、誤字脱字のチェックだけにとどめても、授業時間内に読めるのは多くて15名ほどです。教員になったつもりで、自分ならどのように評価するかも考えてみてください。これまでの合評会を通して身につけた批評力が活かせるはずです。

2　これまでの学生による学年末レポートの題目（分類は著者）

構想段階

・文章化による思考の整理
・アウトラインの必要性を問う
・どうすれば長作文を破綻なく書くことができるか
・作文学習に「型」は必要か？
・読み手の興味を引く題材選び
・アウトラインを活用して文章の独自性を作る
・設計図を組み立ててから書く
・「アウトライン」を有効活用するには
・レポートで息切れしないための構想力

記述

・書き始めることの難しさとは何か
・作文学習における人物描写の指導法

・物語の書き方―話題の選択と表現―
・読み手を意識して書く　―自分だけの表現からの脱却―
・読んでもらう文章を書くには　―読み手を意識する―
・読みやすく、わかりやすい文章を書くには
・文章表現学習の意義　―見えている世界を見せる力を育む―

推敲

・推敲は読み手の視点から
・推敲はすべての制作過程で
・自分では気づかない

評価

・「自分にしか書けない文章」にするために
・作文学習の評価規準「おもしろさ」について
・他人の評価の必要性
・人がおもしろいと思う文章とは何か
・文章の批評はどのように行うのか
・随筆における「自分らしさ」とはどこにあるのか　―見ることと感じること―
・「読者に想像させる文章」を超えて

指導法

・小説が書けない学生の類型と指導案

・「作文嫌い」のための作文学習と指導法
・書き続ける子どもを育てるために
・文章学習におけるオンライン・ポートフォリオの有効性　―振り返り、共有、自身の経験から―
・小学校における作文教育の実態　―児童が「書くこと」を好きになるためには―
・文章学習とＳＮＳの活用
・初等教育における意味のある感想文指導
・学生へのレポート指導　―論文を書くための出発点―
・作文が苦手な生徒に対するアプローチ
・「読める」を「書ける」につなげる作文指導　―生徒に合わせた問題設定―
・資料の大切さに気付く　―指導面の視点も含めて―

対話・共有

・「共作」の有効性　―「書く」ことが苦手な高校生を減らすために―
・学び合う書く授業のススメ
・「楽しい」と思える作文学習を！

班活動1　「問い」は何か、学年末レポートのための意見交換

↓巻末資料No.1　意見交換報告書　を使います。

二　問いにどう答えるか

1　小論文・レポート・論文の違い

大学入試や入社試験のために書かされる**小論文**は、課題（問い）を与えて受験生の理解力や表現力を見定め、受験生を選抜するために行われるものです。一時間、一〇〇〇字前後といった短時間短字数で実施されることが多く、オリジナリティが強く求められるものではありません。

大学の授業で課される**レポート**は、問いを与え、授業をどれほど理解したか、文字どおり報告させるものです。しかし、教員によっては理解内容の報告だけではなく、論文に近い論証やオリジナリティ（学生固有の考え）を要求することもあります。どこまでが求められているかを事前に確認する必要があります。

大学や大学院で書く卒論や修論、博論は、問いを自分でたて、発見を論証することを目的とするため、先行研究にないオリジナリティが必須条件です。

2　学年末レポートをまとめるにあたっての手引き

授業シラバス、授業通信、受講生の提出物はすべてウェブ上で共有されています。これらをポートフォリオ（学習成果の堆積物）と考え、レポート作成の資料として活用しましょう。通信ではクラスの共時態（相対的評価）を、ポートフォリオでは自らの通時態（絶対評価）を確認することができます。中でも、自身の通時的変化を具体的に捉えることは、今後の学習課題の把握につながる資料として貴重です。

↓ 巻末資料No.14 学年末レポートアウトライン を使用します。

3 アウトライン作成

基本的なレポート構成の「型」

序論（1割）↓ 内容全体の予告をする。

① **問う** ： 目的　自分のレポートで明らかにしたい問いを示す。

② **選ぶ** ： 資料と方法（動機や背景含む）

論証データの概要と方法を簡単に示す。

＊ できれば、結論を簡潔に示す。

本論（8割）↓ 内容を詳しく論じる。

③ **調べる** ： 参考文献（先行研究）の引用（紹介）をはじめ、資料の内容を正確に示す。

④ **確かめる** ： 結果と分析

調査の結果を分析し、問いに答える。

⑤ **裏づける** ： 考察

結果に至った理由を考え、議論を深める。（反省・比較含む）

結論（1割）↓ 内容を要約、復習して論を閉じる。

⑥ **まとめる** ： 結論

①〜⑤の論証のプロセスを簡明に列挙、要約する。

＊ 今後の展望や課題を示すこともある。

＊ 論理を優先して段落分けをし、パラグラフ・ライティング[15]を心がける。

＊ 序論・結論（各1割）、本論（8割）は字数割合の目安である。序論を長々と書いたり、結論部で新たな

話題に言及したりしないよう気をつけよう。

＊　与えられた問いの内容によって、①～⑥のすべてを書く必要はない。字数制限もあるため、教師の求めに合わせて、「型」を応用する。

アウトラインは授業時間内の20分程度で書き、それを使って合評活動に進みます。

班活動2　学年末レポートアウトラインの合評会

→巻末資料No.15　学年末レポートアウトライン合評 を使用します。

■学年末レポートアウトラインの評価規準

・レポート構成の「型」に沿っている
・課題にふさわしい内容である
・首（問い）尾（答え）が照応している

学年末レポートアウトライン例①

題　読み手に想像させる文章とは

I・R（二〇一八年度生）

序論

①　文章を書くとつい長くなる癖があった。読み手に伝わるように書こうとするとますます長くなり、だらだらとしまりのない文章になる。必要な量で充実した内容の文章はどうすれば書けるのか。

②　授業の課題や批評会の意見を参考に考える。

※　情報をあれこれ盛り込むのではなく、読み手に想像させるコツを鍛えること。

本論

③ これまで長作文の課題は苦でなかったが、この授業では二百字作文の課題が出た。文章を短く制限されるのは初めて→伝えたいことの半分も書けなかった。短くまとめる工夫を考えなければと思った。

④ 推敲しながら無駄な文章を削る、熟語を多用するなどしてなんとか短くしたが、批評会で「難しい、がちゃがちゃしている」と言われてしまった。

⑤ 授業で学んだこと

わかりやすい言葉で、どう組み合わせるかが大切。参考文献からほかのコツも紹介

これまで説明過多で、なくても伝わる文章を沢山いれてしまっていた。読み手の理解力に委ねるという発想がこれまでなかったことに気づいた

結論

⑥ わかりやすく、かつ内容の充実した文章を書くには……要約する

学年末レポートアウトライン例②

題　作文が苦手な子に対するアプローチ

S・N（二〇一八年度生）

主題文　目的と条件を意識して、アウトラインを書くことが作文をするうえでとっかかりとなりうる。

序論

① 指導者の立場に立って、作文の課題に対して全く取り組めない生徒にどのような指導をすればよいか。

② 自らの学習経験と文献調査を参考に考えてゆく。

＊ 目的と条件を確認してアウトラインを書くことを指導する。

本論

③　自身の経験。長い文を書く時、簡潔にでもアウトラインを書くことで、文が書きやすくなった。

アウトラインを作るときには、目的と条件を確認することが大切。

④　参考箇所を引用し説得力を持たせる。問いに答える。

⑤　具体的な指導のアプローチについて考察を深める。

結論

⑥　①〜⑤の要約

＋α　まだ解決できていない課題と今後について

参考文献：木下是雄（一九九〇）『レポートの組み立て方』（筑摩書房）

学年末レポートアウトラインおよび合評例③

題：文章表現学習におけるオンライン・ポートフォリオの有効性

T・K（二〇一九年度生）

序論

①　問い　→文章表現学習において、オンライン・ポートフォリオを活用することは有効か？

②　背景　㈠教育のIT化が推奨されている。

㈡国語表現論の講義ではコース・ナビ（大学の学習支援ソフト）が活用され、ポートフォリオと文章共有システム両方の役割を担っていた。

本論

③　調べた事実

→作文指導にオンライン・ポートフォリオを活用した実践、先行研究の提示と結果の分析。

④　分析・考察
↓先行研究の結果と、自分自身使用して感じたこととを照らし合わせて分析する。
⑤　議論の深化
↓アナログな方法と比較し、オンライン・ポートフォリオの利点を強調する。
結論
⑥　全体のまとめ
↓以上のことより、作文指導において、オンライン・ポートフォリオの活用は有効であるかもしれない。

―合評会―

○回覧前の自己評価

題に書いたオンライン・ポートフォリオという名称は、自分が書いた作品をウェブ上で振り返って表現力を向上させるのに役立てたり、他者と共有するのを支援するシステムという意味で、他に良い名称が思い浮かばなかったことから便宜上使用している。したがって、来週までに適切な名称を見つけ、変更する予定である。

○批評欄

・ICT活用の面からも作文指導的な面からも述べられるようで、論に深まりがうまれ、面白そうだなと思いました！　N・H
・国語の授業ではイマイチICT教育の利点が感じられなかったのですが、これは新しい切り口で面白いと思います。　N・K
・この論の主題は「アナログと比較してこちらの方が有効」ということでしょうか。それとも結論の⑥にある言葉通りのものでしょうか。もし後者ならその有効性の裏づけが主観的にならないよう注意を要すると思います。　H・N

↓おっしゃる通りだと思うのですが、自分で授業実践をし、調査を行ったわけではないので、先行研究の結果に自分の体験を照らし合わせて分析するのが限界と思われます。したがって、このレポートはオンライン・ポートフォリオが普遍的に有効であることを論じるのではなく、有効である可能性について論じることを主眼としています。しかし、たしかに⑥で「有効である」と断言してしまったので、「有効であるかもしれない」に変えておきます。（H・Nの批評に対するT・Kの応答）

○回覧後の自己評価

論に納得してもらえるよう、入念に先行研究を調査しようと思います。

三　記述と推敲

1　レポートの記述のために

以下、レポートの記述のために、**論文専用の表現**を紹介します。これを使わなければいけないわけではありませんが、知っていると楽に記述が進みます。石黒圭（二〇一二）を参考にしました。

論文の表現

①「**目的**」では、何を明らかにすることを目的とした研究かを宣言する。動詞の「する」形

テーマ自体について述べる場合　↓　**述べる・論じる・扱う・議論する**

テーマの内容まで述べる場合

　事実や経験の場合　↓　**報告する・紹介する**

　実態や原理の場合　↓　**明らかにする・示す**

　命題や判断の場合　↓　**主張する・提案する**

②「**引用**」では、「先行研究」の内容を紹介する。「目的」で使われた動詞の「する」形を「している」形に変える。

・**議論している・報告している・明らかにしている・主張している・指摘している・言及している・触れている**

③「**調査**」では、論文の研究結果を出すために書き手が行った作業を紹介する。

・**調べた・調査した**　　調査結果を・**分析した・検討した**

④「**結果**」では、調査の結果わかった内容を述べる。

・わかった・明らかになった・判明した　現象なら、**・見られた・現れた**

⑤「**考察**」では、結果の背後にある目に見えないメカニズムを想定する。

・思われる・考えられる・見られる・言える　→　自発・可能の思考・伝達動詞

…論理的に考えてそう解釈するのが自然であることを示す。

⑥「**結論**」では、「目的」で「する」という形、「引用」で「している」という形にした動詞を「した」という形に。

・述べた・論じた・扱った・議論した・報告した・紹介した・明らかにした・示した・主張した・提案した

注目したい接続詞

① しかし　…　自説を効果的に導入するきっかけを作りやすい。

② そこで　…　研究が行きづまってしまったように見えるとき、その有力な解決策を提示するときに使う。自説を導入するときに使うと効果を発揮する。

③ では／それでは　…　前提となる話を終え、いよいよ本題に入り、論文の核心となる問いを導入するときに使う。読み手に論文全体のテーマを意識してほしいときに使うと有効である。

〈例文〉

・この分野の先行研究には○○、××などがある。しかし、△△をくわしく論じた研究はない。そこで、本稿では、△△について論じることにする。

・現象Aの分析にはBという理論が一般に用いられる。しかし、Bでは、現象Cはとらえきれない。では、どのような理論が有効なのだろうか。

略語や専門用語、オノマトペ

〈例〉自販機（自動販売機）　はっきり　→　明瞭に
取説（取扱説明書）　しっかり　→　十分に
マック・マクド（マクドナルド）　きちんと　→　正確に
バイト（アルバイト）　だんだん　→　次第に
集中治療室（Intensive Care Unit, 以下ＩＣＵと略記）　どんどん　→　急速に

定義

書き手の理解がそのまま読み手に通じるとは限らない。まずは辞書で確認して、自分の理解に間違いがないかを確認しよう。取りわけ新しく使われだした外来語や、専門用語などをレポートや論文で使うときは、わかりやすい言葉で意味を限定してから使う。

＊「**定義**」については、「評論記述に際して気をつけること」の項（p.52）でも学習ずみ。

適切な引用

⑴　**引用とは**

・参照した文章をそのまま書き写し「　」で括るなどして自分の文章に取り込むことを**直接引用**という。
この場合、「　」のなかは手を加えてはいけない。語順を変えたり、表記を変えたりするのもいけない。

・参照した文章を要約して自分の文章に取り入れることは**間接引用**という。
間接引用する場合は、「　」に入れてはいけない。この場合は、引用の助詞「と」に「述べている」「言って

いる」「指摘している」「批判している」などの伝達動詞の「ている」をつけて表現するのが一般的である。

＊どちらの引用の場合にも**参考文献名**を**明示**しなければならない。

⑵ **引用の目的とメリット**

① **オリジナリティを高める** → 他者の主張から研究史を編み、そこで明らかになっていない部分を明確にすることで、自説のオリジナリティを高める。

② **自説の根拠にする** → 他者の事実や主張を根拠にして自己の主張を示すことで、自説の確かさを担保する。

③ **自説の応援団にする** → 他者の主張を引き合いにし、それを自己の主張に援用することで、自己の主張を補強する。

④ **自説の仮想敵にする** → 他者の主張を引き合いに出して、その問題点を指摘することで、自己の主張を補強する。

⑶ **出典の明示方法**

引用にはさまざまな書式や規則があるため、文章内で統一する必要がある。学問分野・領域によって異なるため、所属ゼミ、研究科、学会の規定を調べ、それに従って書く。

前著『二百字作文練習』ほか、多くの書籍で文献の示し方が教示されている。使いやすいもの、専門分野にふさわしいものを選んで手近に備え、引用を自在に使いこなそう。

2 草稿の作成

草稿の作成は宿題です。アウトラインを基に、パラグラフ・ライティングに気をつけながら書きましょう。

班活動3　学年末レポート草稿の合評会

→巻末資料No.16　学年末レポート草稿合評 を使用します。

次の評価規準を観点に、草稿を回覧・合評しましょう。

■学年末レポート草稿の評価規準

・問いに独自性がある
・十分な振り返りと考察ができている
・問いにふさわしい答えが導かれている

学年末レポートは、他者のレポートを読んでみたいという学生の希望を受け、班活動3における合評は、気づいた点を簡潔に述べるにとどめ、時間内（60分程度）になるべく多数のレポートを回覧することを優先しています。レポートを書く機会は多くても、他者のレポートを読んだ経験はないという学生の声を受け授業に取り入れました。人の文章を読むことが、評価の学習につながることは、教師がよく理解していることだからです。

前期末レポートの際にも同様の活動をしました。その際に学生が記したレビューシート（前期末分）から、コメントをいくつかを紹介します。内容の重複を避け、クラスの半数程度をランダムに選択しました。否定的な意見はひとつもありません。（後期末は回覧に時間を使い切り、記録は採りませんでしたが、前期末と同様の雰囲気でした。）

レポート草稿段階での回覧活動について、学生のフィードバックコメント（著者の要約引用）

・他人のレポートを読むのは初めてでとても新鮮だった。

・自分では気づけていないであろう点を指摘できるので、効果があることだと思う。
・個性のある作品と、当たり前のことを言っている作品とに大きく分かれると感じた。
・教室全体で取り組む感じが楽しかった。
・課題は共通なのに、題材が人それぞれで面白かった。
・どう書けば印象深く伝わり、どんな部分がつまらないのか、よくわかる。
・表現方法と内容のどちらも大切だということが理解できた。
・レポートにあるように、みんなの批評が的確で、自分がぼんやりしたコメントしかつけられないことに焦りを覚える場面もあった。
・グループだと顔が見えて遠慮しがちだが、回覧式だったので率直な意見を書けた気がする。
・長文なので、一人一人の作品をじっくり読むことができなかったが、テーマや構成も含めて、自分にはない書き方をしている人の文章を読めて参考になる。
・長い文章は、人に読んでもらいたくても頼みづらく、書いている最中に自信をなくしてしまっていた。いろいろな人に読んでもらい、客観的な意見が聞けるのがありがたかった。
・面白い着眼点の作品が多く、読みふけって時間がかかった。全員の作品を読んでみたい。
・人に見てもらう機会はあまりないので、このような場があるのは嬉しい。
・的確な批評をたくさんもらえて助かった。改めてレポートを書き直し、完成させることが楽しみになった。
・どのレポートも構成が整い、読みやすかった。「では」、「そして」など、接続詞をうまく使っていた。
・人の文章を見てから自分の文章を改めて見ると、やや抽象的なものを書きたがる自分の癖がよくわかった。つまり、客観的に文章を見る力がついたのだ。
・人の批評の仕方が勉強になった。
・人の文章を批評するのは良い経験だった。人の文章から自分の学びを深められたので、自分が教師になったとき、活用したいと思う。
・良いところ、改善した方がよいところも、他人のものだからこそ気づく。自分のレポートをいくら読んでも気づかないことが、他人からの批評で明確になる。

推敲後に公開、共有

回覧活動の後、学生は十数名から得た批評を参考に推敲し、ウェブ上に公開、全員で共有します。

3　提出稿

学年末レポート例①

「読者に想像させる文章」を超えて

I・R（二〇一八年度生）

一年間授業を受けながら意識したのは、くどい文章を書く癖を治すことだ。私は伝わりやすさにこだわるあまり、説明を加えすぎてつい文が長くなる傾向がある。そして量のわりに内容の薄い文章になってしまうのだ。簡潔で、且つ無駄のない充実した文章にするにはどうすればよいだろうか。授業の批評会や文献を参考に答えを探求したい。

これまで長い作文の課題はあまり苦に感じなかった。思うままに書いているとそのうち字数に達し、そこで打ち切るという風にしていた。しかしこの授業では字数を短く制限する二百字作文の課題が出され、自分の文章の下手さを思い知ることになった。いつも通りの要領で書くと、伝えたいことの半分も書けないのだ。前置きだけで三分の二が埋まることも多々あった。文章指導を受けてこなかった私は、何か短くまとめる工夫をしなければと思い、自分の書く力に対する危機感を初めて味わった。

自分なりにいくつか工夫を試してみた。要旨から外れた文を削ったり、「食べ終わった」を「完食した」など熟語を多用することで少しずつ字数を減らしたりした。しかし無理やり字数内に抑え込んだ文章は完成度が伴わず、批評会で「文のつなぎ目が変」、「難しくてがちゃがちゃしている」などの不評を浴びた。かといって、内容を充実させようとすると字数を超えてしまう。ジレンマをどう解決すればいいのかわからず試行錯誤していた。

そんななか、自分の文章が通信「紺碧」に載り、先生と受講生に批評してもらう機会があった。推敲でかなり削ったつもりが、「もっと削れる」「これは無くても伝わる」と不必要な箇所をたくさん指摘された。さすがにそこまで削ったら読み手はわからなくなってしまうだろうと思ったとき、「読者に想像させる文章を書こう」と言われ、はっとした。

これまで内容が読者に伝わることを最優先して説明を付け加えすぎていたことに気づいた。短い言葉で最大限の情報を詰め込んでいた私にとって、逆転の発想だった。

以来私は文章の書き方を変えた。出来上がった文章を削るのではなく、骨組みを作り、後から説明を付け加える形にしたのだ。骨組みとは全体の流れを構成する必要最低限の文、つまりアウトラインだ。これによって読者に伝えたい情報は確保しつつも、よりわかりやすくするための説明を補足的に加え、字数を調節できる。結論の方向を定めてから書き始めるので、論が迷走することもなくなった。佐渡島紗織（二〇一五）は、全体の要旨を分散したトピック・センテンスを設け、段落ごとに配置し肉付けしていく「パラグラフ・ライティング」法を推奨している。一つの段落が一つの主張を示す、明快な文章を書くことができるこの手法は、アウトライン作成法に応用できるものである。二百字作文を終え、二千字作文の課題に入ってからはこの二つの手法を意識して文章を書くようにした。字数調整の手間は遥かに減り、以前と比べてわかりやすい文章を書けるようになったので、自分が文章指導をする際にはぜひ紹介したいと思う。

この手法は誰にも実践しやすい強みがあるが、しかし逆に言えば、ノウハウを覚えれば多くの人が到達できるレベルである。簡潔さを維持しつつどう肉付けをしていくか、その調整具合に個性や技量差が現れる。秋学期ではアウトラインに則りつつ内容の充実度を意識した。

「書評」や「時事評論」の課題で感じたのは、「読者に想像させる文章」の更に上を行かなければならないということだ。論の構成は主に作品や時事を紹介する前半と、それに対する自分の考えを示す後半に分けられる。そのうち筆者の個性が問われ、読者の関心を引くのは後半部だ。書き方がわかりやすくても、内容まで読者の想像の範疇に収まっていたのでは面白くない。私は「書評」で作品紹介に量を当てすぎて、なぜその本を取り上げたいのかなど自説が殆ど書けなかった。先生も「後半をもっと細かく書くとよかった」と仰っていた。全体の文章の配分を考え、読者の想像に任せられるカットすべき部分を推敲すればもっと沢山の要素を肉付けできたはずだったと、反省点は多い。読者は想像しながら文章を読みつつも、内容面においては想像に及ばない書き手の個性を求めている。無駄を省きつつ、どのように文量を調節するかはこの先当分の課題である。

この授業で私の文章表現はかなり変わった。漫然とした長い文章だったのが、アウトライン作成法によって必要な情報に肉付けしていく簡潔で「読者に想像させる文章」を意識するようになった。しかしそれに加えて、授業を終えた今は書き手の個性も大切にしたい。読者に想像させる無駄のない部分と、細かく説明し強調する自説の部分との使い分けができれば、わかりやすく且つ充実した文章になる。今後は授業で学んだ手法を活かし、更なる文章表現を模索していきたい。

参考文献

佐渡島紗織・坂本麻裕子・大野真澄編著（二〇一五）『レポート・論文をさらによくする「書き直し」ガイド』大修館書店

学年末レポート例②

作文が苦手な生徒に対するアプローチ

S・N（二〇一八年度生）

これまでは教えられる立場で、作文課題に対してどのように取り組むかということを考えてきた。自分なりにコツがつかめてきた一方で、教員の立場となった時、すべての生徒がうまく課題に取り組めるわけではないだろうと考えた。作文を指導するにあたって、文章を書くことに苦手意識を持ち書き始めることができない生徒に対してどのような指導をすればよいのだろうか。

作文課題において肝要なのは、目的と条件を強く意識し、それをもとにアウトラインを作ることである。この一年間の私の学習経験と文献調査をもとに考えてゆきたい。

この一年間の学習経験の中で、文章を書く前にアウトラインを書くことが習慣となった。アウトラインを書いてから作文をするようになって、随分と書くことへの抵抗感が減った。なぜなら、アウトラインで段落の構成を考えることで、文章が小分けになり、それぞれの段落で書くべきことが明確になるからだ。手順としては以下の通りである。まず、「何を、誰に、どうするための文章か」という与えられた課題の目的を確認する。次に、一番言いたいこと（主題文）はなにかを考える。そしてその主題文をもとに、段落の構成を考えてゆくという手順だ。この手順を取ることで、文章をできる限り小分けにして、何を書くべきかを具体化することができるので、書くことへのハードルが低くなるのだ。漫然と長い文章を書くと、言いたいことが絞り切れずに、結局何が言いたいのか分からない文章になりがちだ。アウトラインの作成はそのような問題を解決する手段となるのだ。

ここまで、私の学習経験でアウトライン作成の重要性を確認した。アウトライン作成は、文章を書くことが苦手な生徒に対する指導にも大いに役に立つと考えられる。木下是雄（一九九〇）では、レポート作成の手順として、アウトラインは必須条件となっており、役割と手順を以下のように説明している。

アウトライン（outline）というのは骨組み（大筋）のことです。最初に、これからどういうことを調べ、調べたことをどういうふうに配列して結論に至るかを考えて、大ざっぱなアウトラインをつくります。

文章を書く上で非常に重要な手順であることが分かる。特に文章を書き始めることができない生徒は、まず何を書いていいのかが分からないはずだ。文章を細かく区切って、何を書くべきかに具体性を持たせることで、文章を書く足掛かりが得られると考えられる。その一番分かりやすい方法が、アウトラインの作成なのだ。

では実際にどのように指導の現場で活用していくかについて考えてゆきたい。まず、生徒がアウトラインを書きやすくするために、教員側は、条件と目的を明確に示す必要がある。実際にどのように指示するか、中学生への夏休みの読書感想文の課題を例にとろう。今回の読書感想文課題の目的は、あることについて自分の意見を持つこと。また、一、どんな本を読んだか、二、どんなことが書いてあるか、三、それに対して自分はどのような意見を持ったか、この三点を書き原稿用紙三枚以上を条件とする。このような具合で目的と条件をはっきりさせる。それによって、全く指示がない場合に比べて遥かに書きやすくなるだろう。さらに、作文が苦手な生徒にはアウトラインの書き方として、段落構成のたたき台をあらかじめ提示するのもありだろう。全体が千二百字であるから、そのうちの二割（約二四〇字）を条件の一、二にあてて、という要領で具体的なアウトラインの書き方を指導するのだ。このように教員側は、作文の課題を出す際に、生徒がアウトラインを書きやすいように、目的と条件を明確に示す必要がある。そしてさらに、アウトラインの具体的な書き方まで指導できればなおよいと考えられる。また、今回例に挙げた読書感想文の課題の場合は、本の選び方や課題図書の設定についても指導する必要があるだろう。

この一年間での経験と文献調査をもとに、作文が苦手で文章を書き始めることができない生徒への指導方法を考察してきた。作文をする上で足掛かりとなるのは、アウトラインの作成である。そのため教員は、生徒がアウトラインをしっかりと書けるように目的と条件を明示する必要があるのだ。教員になってもこの事を常に意識して無責任な課題を出さないように注意したい。しかし、実際の指導の現場では、細かな問題がたくさんあるだろう。例えば、クラスのどの程度の割合の生徒が苦手意識を持っているかや、どの子が苦手意識を持っているかということを見極める必要があることなどである。そのような実践の場での細かい問題についても今後考えてゆくとともに、教員となってからも常により良い指導を目指して、方法を改良していきたい。

参考文献

木下是雄（一九九〇）『レポートの組み立て方』（筑摩書房）

学年末レポート例③

文章表現学習におけるICT利用の有効性

T・K（二〇一九年度生）

文章表現学習にICTを活用することは有効だろうか。近年、文部科学省指導のもと教育のIT化が唱えられているが、数学や社会科ではある程度具体的な活用法が示された一方、国語においては実践報告や研究の数が少なく、どのように活用できるか未知の段階である。しかし、高井太郎氏が「ICTを活用した作文ワークショップ」という方法を構想・実践し、「従来型作文指導の課題克服の視点を備えた指導法になりうる」と報告したように、文章表現学習において情報機器の活用が、より効果的な教育実践へと通じる可能性がある。また、国語表現論ではコース・ナビ（大学の学習支援ソフト…引用者注）

がＩＣＴとして導入されており、どのような効果があったか分析・考察することで、効果的であることの裏づけができるかもしれない。したがって、このレポートではコース・ナビの分析を軸に、文章表現学習においてＩＣＴの活用が有効である可能性について考察していく。

国語表現論ではコース・ナビが二つの役割を担っていた。学習管理システムとポートフォリオである。学習管理システムとは、教師が学生の状況を把握するのを支援するツールである。学習管理システムを電子化することには複数の利点がある。ひとつは、紙でやるアナログな方法と比較して、教師の負担が減ることである。従来は学生の作品を添削した後、返却する前にコピーを取りファイルやバインダーに綴じる必要があったが、この作業を二十名分以上するとなると、それなりに骨の折れる作業である。くわえて、ファイルに綴じる方法では外に持ち出すことが難しく、教師はいつも特定の場所で仕事をする必要があった。しかし、電子化してしまえば教師はいつでもどこでも学習支援システムを呼び出すことができ、仕事と授業双方での効率化に繋がる。例えば、教室で急に特定の学生の状況を把握する必要に迫られた際、電子化した学習管理システムであればより短時間で学生の情報を引き出すことができるだろう。

また、このような事務作業を効率化することが、学生の状況のより良い理解へと繋がる。勿論単純に、添削により多くの時間が割けるようになるという長所もある。しかし、最大の恩恵は学生の状況をあらゆる情報を参考に理解できるようになることである。例えば、以前の受講生の作品や指導情報を蓄積、データベース化し分析すれば各学生に合ったより効果的な指導法の確立へと繋がるだろう。各学生の現在の状況を把握し、似たような傾向にあった以前の受講生の情報と比較することが、学生により適切な指導を行うことを助け、表現能力のさらなる向上を可能にする。

以上が学習管理システムの電子化の利点である。従来の方法と比較し、多くの面で魅力的であることは間違いない。国語表現論ではコース・ナビが、このオンラインの学習管理システムとして活用されていたと考えられる。

ポートフォリオとは、学習過程で残したレポートなどの成果物をファイルに入れて保存する評価ツールのことである。国語表現論ではコース・ナビが、学生の側から捉えればオンライン・ポートフォリオとして活用されていた。そして、学習管理システム同様にポートフォリオのオンライン化にも複数の利点があると感じた。ひとつは、いつでもどこでも自分の作品を確認できたことである。アウトラインと照らし合わせながら提出用の作品を執筆していく際、ファイルを持ち歩かなくても端末と通信環境さえあれば簡単に確認できるので、非常に便利だった。また、紙のポートフォリオと比較して自分の過去の作品を読む回数が増え、文章を改善していこうという意識が芽生えた。私の場合、作品を読み返して思ったのはどれも似たような内容を書いてしまっているということだった。勿論、同じ人間が書いている訳だから、多少内容が被ってしまうことは仕方がないと思うし、文体が変わらないことがそのような実感に繋がっているとも考えられるが、それにしても同じなのである。言い換えれば、評論や随筆など書くジャンルは違っても、展開や対象の捉え方がいつも同じなので、どれを取り出して読んでも変わらないように思えるのである。このことで、私は文体や構成を変化させようという気持ちになり、後の作品では都度新しいものを新しい形式で書くという目標を設定していた。結果的に、この試みがうまくいったかどうかは分からないが、自分の文章を意識的に捉えられるようになったことは大きな変化である。中学や予備校時代に使った紙のポートフォリオでは後から読み返すことをあまりせず（私は整理整頓が非常に苦手なので、返却された作品をファイリングする前に紛失してしまうことが多かった）、自分の文章を通時的に考えることもなかったが、好きな時間に好きな場所で自分の作品を取り出せることにより、このような意識が芽生えた。くわえて、ワードで書いて提出という形式にしたことで推敲し易かったことも、より良い作品を提出しようという意識に繋がった。

さらに、コース・ナビ上で他の学生の作品を閲覧できたことも、創作意欲に繋がった。例えば、評論や随筆で自分と同じ教育について書いている学生がいないか探し、目を通すことが教室での談義や情報交換に役立った。コース・ナビという仮想空間と、教室という現実の空間が上手く連動していたのである。教室での談義だけであれば、クラス全員分の文章に目を通すことは不可能である。反対に、フルオンデマンドの講義のようにコース・ナビとチャットシステムだけで完結してしまうと、独りよがりの議論や、ついつい攻撃的なやり取りになってしまうことがあるので、やはり対面でお互いの表情を確認しながら議論することは大切だと感じる。したがって、コース・ナビと教室での授業を連動させることで、それぞれの欠点を補う国語表現論の授業設計は非常に良いシステムだった。このように、コース・ナビというオンライン上のツールを活用することは、学生にとっても複数の利点があった。

以上のことより、先行研究が示唆したように、文章表現学習にＩＣＴを活用することは有効であると考える。ＩＣＴを現実の授業と連動させることで相乗効果が生まれ、効果的な指導に結びつく。また、そのためには入念な授業設計が不可欠である。（二五二四字）

引用文献
高井太郎（二〇一八・三）「ＩＣＴを活用した作文ワークショップの実践――１人１台のChromebookが使用可能な中学１年生を対象として―」全国国語教育学会『国語科教育学会　84』
参考文献
赤堀侃司（二〇一三）『教育工学への招待　新版』ジャムハウス
木村元・小玉重夫・船橋一男（二〇〇九）『教育学をつかむ　改訂版』有斐閣
日本教育工学会編（二〇〇〇）『教育工学事典』実教出版

四　評価の問題

ステップⅠ～Ⅴを通して、鍵になるのは評価の問題です。目標を達成するために、学習をした成果がどの程度かを正確に見極めることが次なるステップへの橋渡しになるからです。本書においても、評価規準は学生の思考程度に合わせて内容を変化させてきました。それは、アウトラインを作成する構想段階と草稿作成の記述段階では、学生の思考レベルが異なるからです。たとえば、ステップⅡの評論課題の場合、アウトライン作成時の評価規準は次の三つでした。

- **首尾が照応している**（問いを立て答えが導かれている）
- **根拠と理由がわかりやすく配置、考察されている**
- **主張が明瞭である**

それが、草稿作成段階では、次のように変化します。

・**題（副題）、序論、本論、結論に整合性がある**
・**本論の展開に説得力がある**
・**主張が個性的である**

アウトライン段階では、「型」に依存した状態で思考を深めているため、評価規準の二つは、型通りに構成されているかを評価する項目で、最後に一つ、主張の有無を問う項目が加わっています。一方、草稿作成段階では、全体の整合性、展開の説得力、主張の個性といった、より高度な項目が並びます。

学習活動の内容に合わせて、このように評価規準を変更させるのは大事なことです。規準の変更も教師が勝手に行うのではなく、学習目標を共有する学生と共に、互いに納得の上で設定すれば、評価の活動も、形ばかりのものにならずに、活発な合評活動につながります。そうした学習の積み重ねが、学習者個々の自己評価力、自己学習力を確実なものにします。

最後に、評価に関して述べられた学生のレポートを紹介します。評価についての理解を深め、文章表現の授業改善のために参考になると判断したためです。

学年末レポート追加紹介

「面白さ」について

M・T（二〇一九年度生）

一年間講義を受け、文章の創作を多くしてきた。その時その時に課された条件や評価規準をもとに二百字作文や長作文を書いてきたが、その中でも個人的に気になったことが一つある。それは班で評価しあった際に出てくる「面白さ」という評価規準の曖昧さだ。確かに評価規準は与えられているが、その大前提があっても「面白さ」という評価規準はかなり外せないものとなっているように感じた。特に合評会で、自分が受賞した際の批評文にも八割ほど「面白い」というワードが入っていたし、創作の上での規準は満たされているにもかかわらず、面白くないという点で最優秀を逃した作品も見たことがある。そのため、このレポートでは、「面白さ」について考えていきたい。

　今回の調査方法としては自分が推薦された際の作品の感想や評価、さらに文献調査をもとにみんなが使う「面白さ」というのはどのようなものなのかを考えていきたい。最初に仮説としての結論から述べていくと「面白さ」には複数種あるためそれらを適切に区別するべきではないかということだ。そして新たに複数種を使いわけることによって、「面白さ」という創作する側にとって見えづらい評価規準を、どのように書けば面白い文章となるかというむしろプラスになりポジティブな評価規準とすることができるのではないだろうかと考えた。

　そもそも今回このような疑問を抱いたのは、合評会等の感想ででてくる「面白さ」というワードは何に対して面白いのかがあいまいだった点だ。たとえば例を挙げるとすると、自分が良い評価をいただけた随筆の作品「めざせ!!　職質マスター」の批評の次のようなものだ。

・ユーモラスな文体が面白い。描写も詳しくていい。　Y・S

・ユーモラスな文体とゲームのような書き方が統一されており、おもしろかった。「職質マスター」にちなんでチュートリアルぽさをだしてもいいかなと思った。　S・Y

・「新時代」（通信名…引用者注）に題がのっていた時に気になっていたので読めてよかった。おもしろい文章だった。職質について聞いたことがなかったので新鮮だった。ほかの段落を増やしてもっとバトルを書いてみるのもいいと思う。（読みたい）　K・T

・題名からしてポケモンをモチーフにしてるよね、とても面白いと思う。「東京」もカタカナにしてもいいと思う。

S・S

　これらには、「ユーモラス」という言葉と「面白い」というワードが出てきている。さらに「臭豆腐」という題で二百字作文を書いた際にも表現が「面白い」ということばをかけてもらったことを覚えている。ここで疑問が一つ。ここの批評欄にある「面白い」というワードは果たして本当に皆同じ「面白い」だろうか？　「面白い」は同じものに当てられた言葉なのだろうか？　今度は「面白い」について考えてみたい。

　最初に「面白い」について考えていくのだが、「面白い」という言葉をインターネット上で検索すると「おもしろおかしく話す」「おもしろい（おかしい）形の木の根」のように、滑稽《こっけい》な、奇妙な、の意味では、相通じて用いられる。

◇「おもしろい」は、「おもしろい小説」「仕事もだいぶおもしろくなってきた」のように、その内容が（話し手の）興味をひく場合に用いられる。※

さらに大辞林では※

①楽しい。愉快だ。「昨日見た映画は―・かった」「勉強が―・くて仕方がない」

②興味をそそる。興味深い。「何か―・い話はないか」「最後にきて―・い展開を見せる」

③こっけいだ。おかしい。「―・いしぐさで人を笑わせる」

となっている。これだけでも「面白い」ということばは複数種存在するということがわかる。

しかし、日本語だけで区別すると曖昧な部分が生じるので、より細かく定義するために、「面白い」という言葉を英訳してみる。この場合、個人の推測で下手に訳をすると正確さに欠けるため、ネット上の翻訳サイトを使う。そうすると出てくるワードは次のようになっている。

humorous　funny　laughable　risible　comical　comic　amusing　mirthful　interesting

Comic と Comical に関してはほぼ同じなので一つとカウントしても、この時点で八個存在していることが分かる。ここにすべてのことばの訳を乗せるときりがないので、省略して分類していく。自分なりに考えた結果、大きく分けて「面白さ」には三種類ある。

一つ目、総括型　amusing

これに関しては最も無意識で使っている「面白い」に近いものではないか。これは例文を見てもどのようなシチュエーションにも使うことができる。特徴としては、経験を終えた後でその経験全体を通しての総括としての感想に使われるように考えられる。

二つ目、滑稽型　mirthful humorous funny laughable risible comical comic

これは文章において、文章の技巧そのものの面白さというより、単純な話の素材としての奇抜性や人の行動の滑稽さ、授業内の言葉で表すなら、自分にしかない話に対して評価する際のワードだと考えられる。

三つ目、知的型　interesting

これは文書の技巧などで興味がそそられる、また学問的に面白いと感じる際に用いられるものと考えられる。

この法則で考えていくと、最初に例示した作品に関する批評はほとんどが総括型であるとが分かり、その次に滑稽型、次いで知的型が多いということがうかがえる。創作の授業、特に作文の授業においては最も必要であろう知的型が少ないことがわかる。なので最低でも評価基準の項目に今あげた三つを提示すべきなのではないかと感じた。

※引用元

https://ejje.weblio.jp/content/%E9%9D%A2%E7%99%BD%E3%81%84

https://kotobank.jp/word/%E9%9D%A2%E7%99%BD%E3%81%84-454803

大辞林　第三版　編者：松村明　編　発行者：株式会社　三省堂

普段何気なくではあるが、頻繁に、しかも高評価を示すものとして使うことの多い「面白い」という言葉について書かれたレポートです。「面白い」を総括型、滑稽型、知的型の三つに分類した上で、文章表現の評価規準にこれらを提示すべきではないかと提案しています。

読者の存在する文章表現にとって「面白さ」は欠かせない要素です。その違いをどう理解し、どう表現するかによって内容が大きく変化する可能性があります。今後の授業の中で取り入れて、学生といっしょに考えてみたい評価の観点です。

学年末レポートは、教師に対する受講生からの授業評価とも言えます。M・Tのレポートは、まさに指導の不足部分を的確に突いていました。教師自身が、薄々感じていながら十分に言及できない部分に、受講生の立場から解決策を示しています。このほかに、小説創作に苦戦した学生が、小説指導の方法を提案してくれたレポートもありました。次年度の評価の観点や創作の指導には、これらのレポートを参考に工夫を加えたいと思います。

このように、授業の気づきを、気負いなくレポートに取り上げてくれたことに感謝しています。同時に、気兼ねなく、自由に意見を書き合える文章表現教室でありつづけたいと考えています。

注

（15）パラグラフ・ライティングを意識し、見出しを中心文にして、段落をわかりやすく展開しよう。
英語で文章を書く場合に一般化している段落の構成法である。一つのパラグラフは、一つの話題について記述される文の集まりで、主張を示すトピック・センテンスとそれを支える根拠や具体例などを詳しく述べるサポーティング・センテンスから構成される。各パラグラフのトピック・センテンスをつなぐと、文章全体の要旨となることから、読み解く際にも活用できる。日本語で文章を書く場合にも、パラグラフを段落に置き換え、トピック・センテンスを中心文、サポーティング・センテンスを支持文として応用すると、グローバルに通用する文章表現が可能となる。ステップⅠ注（7）参照。

あとがき

あることがきっかけで、驚くほど書く力を伸ばす学生がいます。力強く、楽しげに書き進む様子を見るとき、教師として大きな喜びを感じます。成長のきっかけとなった事柄や物事をきちんと記録し、次に続く学生たちの指導に活かすことが教師の役割だと考えています。本書では、実践を通して学生たちが気づかせてくれた、こうした指導のタネを随所に取り入れました。

そういう意味でこの教科書は、教師である筆者と学生たちとの共作であると言えるでしょう。書くことは、読むこと、聞くこと・話すこと、そして何より、考えることと切り離して考えることができません。十分に考え、自らの行動を自由に制御するためにこそ、書くこと、読むこと、聞くこと・話すことは存在するのではないでしょうか。つまりは、五つの言語活動を統合的に、バランスよく組織する授業が、書くことの力の向上に資する国語科文章表現指導であると考えます。

大学レベルで、教師を乗り超える学生を育成するには、学生個々の能力の活用を欠かす訳にはいきません。教師は、自らの知識や技能の不足を自覚しつつ、学生たちの思考力・判断力・表現力を最大限に引き出すために授業を構築していくことになります。大学の教員の場合は、対等に、時には学生の後を追いつつ、自らの文章表現力を伸ばしていくのだとも言えるでしょう。

手許に残った学生たちの作品（書評・評論・随筆・小説・レポート、および相互批評文）を振り返りながら本書を書きました。課題にどう対応し、答えを出したか。作品は、すべてその時点における出来であって、書き手の満足できるものではなかったかもしれません。しかし、文章表現力は一朝一夕には身につきません。俳優やピアニスト、スポーツ選手やダンサーが、試行錯誤しながら長い時間をかけて訓練するのと同様です。

本書で見てきたように、アウトライン作成までの準備段階から草稿、推敲を経て作品を提出するまで、クラスメートの意見を聞いて思考を深め、修正を重ねます。いわゆる推敲は、草稿完成後に誤字・脱字をチェックして清書するためだけのものではなく、文章作成の全過程において振り返り、問題点を発見して、修正を繰り返すものです。学窓を巣立って後は、自らが生涯をかけて思考を深め、書き、読み、話し・聞く生活を追究しなければなりません。そのためにも、他者から受ける評価を咀嚼し、自己評価によって文章が彫琢できるようになる、それが大学における文章表現学習の目ざすべきゴールではないでしょうか。

著者は、短期大学および四年制大学において、三十年以上にわたって文章表現に関する科目を担当しています。学生が、文章作成にどのような問題を抱え、どのように解決しているのか、その様子を長きにわたって観察してきました。本書では、構想段階から記述、推敲、提出稿の完成までの各過程において、学生たちがどのように思考を深めていくのか、その実態をなるべく詳細に示す努力をしました。過程ごとに手引きを与え、手順を示し、できる限りつまずきを少なくして、文章表現学習が楽しめる工夫を施したつもりです。

その結果、記憶に残る作品がいくつも産み出されました。文章表現は活字となって残るところが、うれしいところです。ここ数年は、作品だけでなく、合評会における批評文も学生自身が電子化し、オンライン上で共有しています。学生にも教師にも、学習と指導の振り返りの資料として貴重です。本書も、学生が電子資料によって公開した記録を利用することによって書くことができました。ＩＣＴを活用しながら、今後も、書きことばの学習効果を、さまざまな側面から探り続けたいと考えています。

今回の文章表現学習の体験（学生にとっては、おそらく教室で共に学ぶ最後の国語の授業）が、自己評価力の基盤となって、末永く役立ってくれることを願っています。

指導者のみなさまへ

文章表現教室の醍醐味は、個性溢れる受講生たちとの出会いと想像を超える作品の出来にあります。授業を始めさえすれば、学生たちが授業をリードしてくれます。教科書や参考文献は、学生が自主的に読むべきものですから、授業時間は、学生同士が意見交換をしたり、書いたり相互評価し合ったりする時間として十分に活用してくださるようにお願いします。

学習目標と活動、そして評価の観点が指導者と学生間で共有できていれば、書くことの授業は豊かに展開します。大学ならば、教師の力不足は学生が補ってくれます。教科「国語」を通して、長きにわたって培ってきた学生の文章表現力、自己評価力を信じ、共に学ぶ姿勢をもてば、文章表現教室は力強く前進します。教師は、文章表現学習のよき道案内者であり、共に学ぶ同行者であればよいのではないかと考えています。

過去の受講生のみなさんへ

本書中の学生作品は、主として早稲田大学「国語表現論B・A」（二〇一七・二〇一八・二〇一九年度）の受講生の提出作品から選んだものです。授業中にも許可を得ましたが、ここに記し、改めてお礼申します。イニシャルは姓・名の順に並んでいます。ちなみに、金子泰子はK・Yとなります。

なお、教材としてわかりやすくするために、断りを入れて一部著者が修正を加えた部分がありますが、基本的には原文通りです。素晴らしい作品を、ありがとうございました。一期一会の縁と楽しい授業に心より感謝します。

将来の受講生のみなさんへ

これまでの受講生のみなさんからのメッセージをお届けします。

・作文が苦手かつ課題を後回しにする性格の人にとってなかなか苦しい一年になると思います。この機会に、両方を克服しましょう！

・最初のうちは文章が上手く書けず、大丈夫か不安でしたが、どんどん書くことが楽しくなりました。グループでの批評会では、たくさんの文章を読むことができ、かつ自分の文章の良い点を見つけていただけてとても嬉しく有意義な時間でした。

・これから一年、嫌になるほど書いて、書くことが大好きになって「卒業」してください。クラスのみんなのことがだんだんわかるようになって、毎回の授業が楽しくなります。書けると嬉しくなって、どんどん書きたくなります。が、二年目はありませんから、悔いのないように。楽しく書いてください。健闘を祈ります。

二〇二〇年（令和二年）三月二八日（土）　信州上田さくら開花の日に

金子　泰子

巻末資料

（№１～№16は、各教室の実状に合わせて自由に変更してご活用ください。）

【参考】課題および条件一覧『国語教師が教える二百字作文練習』(pp.150-151)

課題1～15

1 これまでの作文学習を振り返る
2 自己紹介文を二百字作文で書く
3 勧誘文・推薦文を二百字作文で書く
4 「わたしの大好物」を二百字作文で伝える
5 風景を描写する
6 人物を描写する
7 「ある日の出来事」を描く
8 二百字作文学習を振り返る
9 書評を書いて、お気に入りの本を友達に勧める
10 時事評論文を書く

条件(基礎的文章表現技術)

① 原稿用紙を正しく使う
② 文章に題をつける
③ 書き出し、書き結びに注意する
④ 文体を使い分ける
⑤ 五感と客観的スケールを活用する
⑥ ことばを的確に選ぶ
⑦ 叙述の順序(空間・時間)に方向性を持たせる
⑧ 文字・符号を使い分ける
⑨ 短文(一文一義)にする
⑩ ことばの重複使用を避ける
⑪ 首尾の照応を図る
⑫ 文末表現に変化をつける
①～⑫
⑬ ブレーン・ストーミングで材料を集める
⑭ 構想を練る
⑮ 主張を絞りこむ

11　感性に従って、随筆を楽しむ
12　文章作成過程を振り返る
13　推敲する
14　校正する
15　半期の文章表現学習を振り返る

⑯　アウトライン（題と主題文を含む）を作る
⑰　センテンス・アウトラインを作る
⑱　修正して書き直す
⑲　校正記号を学ぶ
⑳　発見と創造の喜びを知る

年　　月　　日

意見交換報告書

□ 班

（5 人用）
右に班全員の学籍番号、氏名を記入。
班長と書記を各 1 名決める。

学籍番号	氏名	班長／書記

話し合いの経緯

まとめ

No.2　書評アウトライン

書評（映画評）アウトライン用紙　　番号　　氏名

著者〔監督〕　発行年（上映年）　『タイトル』　出版社（映画会社）

題　―　―

第一　注意を引く段階　まず、話に興味を持たせ、注意を集める。

第二　必要を示す段階（問題の提示）　話に興味を持ち始めた人に、何が大切で、何が必要かを告げ、問題を提示する。

第三　必要を満たす段階（問題の解決法）　大切にして必要な問題の解決法を示し、必要感を満足させる。

第四　具体化の段階（証明）　問題解決法の実際を、具体的に目に見えるような形で示し、それがいかに有効な方法であるかを証明する。

第五　行動に導く段階　結論として、相手の決心をうながす。

No.3 書評アウトライン合評

書（映画）評　アウトライン合評（五人用）　年　月　日

学籍番号　氏名　評

著【監督】　年発行（上映）『　』出版（映画会）社

題 ―　―

○ **回覧前**の自己評価（工夫点、問題点、聞きたい点、など）

批評欄

署名

署名

署名

署名

◎ **回覧後**の自己評価（回覧による気づき、文章作成に向けての注意点、ほか）

No. 4 書評草稿合評

書評・映画評　草稿合評

学籍番号　　氏名　　評

著（監督）『　　』　年　出版（制作）

題 ―　　―

○ 回覧前の自己評価（工夫点、問題点、聞きたい点、など）

批評欄

署名

署名

署名

署名

◎ 回覧後の自己評価（回覧による気づき、推敲作業に向けての注意点、ほか）

No.5 評論アウトライン

年　月　日

評論アウトライン　番号　氏名

題

副題（必要なら）―　―

論旨（主張）

①

②

③

④

⑤

⑥

No.6　評論アウトライン合評

評論アウトライン合評　　年　月　日

番号　氏名

題

副題 ―　―

○ 回覧前の自己評価（工夫点、問題点、聞きたい点、など）

批評欄

署名

署名

署名

署名

◎ 回覧後の自己評価（回覧による気づき、推敲作業に向けての注意

評価規準に沿って批評しましょう。

- 首尾が照応している（問いを立て答えが導かれている）
- 主張が明瞭である
- 根拠と理由がわかりやすく配置、考察されている

No.7　評論草稿合評

評論草稿　合評　番号　氏名

年　月　日

題

副題　―　―

○　回覧前の自己評価（工夫点、問題点、聞きたい点など）

批評欄

署名

署名

署名

署名

◎　回覧後の自己評価（回覧による気づき、推敲作業に向けての注意点、ほか）

評価規準に沿って批評しましょう。

・題（副題）、序論、本論、結論に整合性がある。
・本論の展開に説得力がある。
・主張が個性的である。

No.8　随筆アウトライン

年　月　日

随筆アウトライン　（千六百字以内、段落数は五～八程度まで自由）

学籍番号　　　　氏名

題　　　　――（副題）――

主題

1

2

3

4

5

6

評価規準
・題が興味をひく
・本文にまとまりがある
・書き出しと結びに工夫がある

No.9 随筆アウトライン合評

随筆アウトライン合評　　年　月　日

題　　番号　　氏名

副題 ―　―

○ 回覧前の自己評価（工夫点、問題点、聞きたい点、など）

批評欄

署名

署名

署名

署名

◎ 回覧後の自己評価（回覧による気づき、推敲に向けての注意点、ほか）

随筆アウトライン評価規準に沿って批評しましょう。

- 題が興味をひく
- 本文にまとまりがある
- 書き出しと結びに工夫がある

No. 10　随筆草稿合評

随筆草稿合評

年　月　日

番号　　氏名

題

副題（あれば）―　―

○ 回覧前の自己評価（工夫点、問題点、聞きたい点、など）

批評欄

署名

署名

署名

署名

◎ 回覧後の自己評価（回覧による気づき、推敲作業に向けての注意点、ほか）

随筆草稿の評価規準に沿って批評しましょう。

・題が主題にふさわしい
・本文の展開および表現に共感できる
・書き出しと結びが効果的である

No.11 第一次小説アウトライン

第一次創作アウトラインおよび合評（当初の目安は三千字、短編でも長編書き出しの一部でもOK）

学籍番号

氏名

年　月　日

題

主題（作品のメッセージ）

1 書き出しシーン

2

3

4

5

事前自己評価

評価規準
・プロット（構想）に無理がない
・リアリティー（存在感・臨場感）がある
・メッセージ性がある

合評欄（署名）

○

○

○

○

事後自己評価

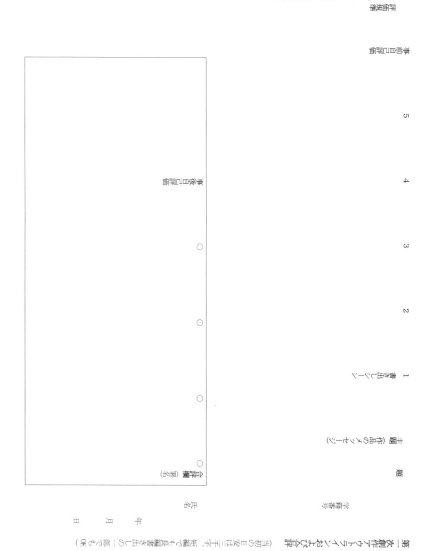

No.12　第二次小説アウトライン

第二次創作アウトラインおよび合評　（字数三千字程度以上、短編でも長編書き出しの一部でもOK）

年　月　日

学籍番号

氏名

題

主題（作品のメッセージ）

1　書き出しシーン

2

3

4

5

6　結び

事前自己評価

評価規準
・プロット（構想）に無理がない
・リアリティー（存在感・臨場感）がある
・メッセージ性がある

意見交換欄（署名）

○

○

○

○

事後自己評価

No.13 小説草稿合評

小説草稿合評　　年　　月　　日

番号　　氏名

題

○ 回覧前の自己評価（工夫点、問題点、聞きたい点、など）

批評欄

署名

署名

署名

署名

◎ 回覧後の自己評価（回覧による気づき、推敲作業に向けての注意点、ほか）

小説草稿の評価規準に沿って批評しましょう。

・作品が観念的ではない
・情景や人物描写にリアリティーが感じられる
・社会的視野が広く深い

No.14　学年末レポートアウトライン

学年末レポートアウトライン　　　年　　月　　日

学籍番号　　　　氏名

共通課題　一年間の文章表現学習を振り返る―学習と指導の両面から―

題

―（副題）　　　　―

序論

①　問い（疑問詞を含む一文で設定する）

②　データの概要と方法

＊　結論

本論

③　調べた事実

④　分析・考察

⑤　議論の深化

結論

⑥　全体のまとめ

参考文献

レポートの評価規準

・レポート構成の「型」に沿っている

・課題にふさわしい内容である

・首尾が照応している

No.15　学年末レポートアウトライン合評用紙

学年末レポートアウトライン合評用紙　　　　年　　月　　日

学籍番号　　　　　　氏名

共通課題　一年間の文章表現学習を振り返る—学習と指導の両面から—

題　　　　　　　　　　（副題）—　　　　　　—

○　回覧前の自己評価（工夫点、問題点、聞きたい点　ほか）

合評欄

署名

署名

署名

署名

◎　回覧後の自己評価（批評による気づき、レポート作成に向けての注意点　ほか）

レポートの評価規準に沿って評価しましょう。

- レポート構成の「型」に沿っている
- 課題にふさわしい内容である
- 首（問い）尾（答え）が照応している

No.16 学年末レポート草稿合評

学年末レポート草稿合評　学籍番号　　　　氏名

年　月　日

共通課題　一年間の文章表現学習を振り返る―学習と指導の両面から―

レポートの題　―　　　―

○ 回覧前の自己評価（工夫点、問題点、聞きたい点など）

批評欄

署名

署名

署名

署名

◎ 回覧後の自己評価（回覧による気づき、推敲作業に向けての注意点、ほか）

レポート草稿の評価規準に沿って批評しましょう。

・問いに独自性がある
・十分な振り返りと考察ができている
・問いにふさわしい答えが導かれている

参考文献

石黒　圭（二〇〇八）『文章は接続詞で決まる』光文社新書
石黒　圭（二〇一二）『論文・レポートの基本』日本実業出版社
石黒　圭（二〇二〇）『段落論』光文社新書
上野　千鶴子（二〇一八）『情報生産者になる』ちくま新書
梅田　卓夫・清水　良典・服部　左右一・松川　由博（二〇一五）『高校生のための文章読本』ちくま学芸文庫
梅田　卓夫・清水　良典・服部　左右一・松川　由博（二〇一二）『高校生のための批評入門』ちくま学芸文庫
大塚　英志（二〇一三）『物語の体操　物語るための基礎体力を身につける6つの実践的レッスン』星海社新書
大塚　雄作（二〇〇五）「学習コミュニティ形成に向けての授業評価の課題」溝上慎一・藤田哲也（二〇〇五）『心理学者、大学教育への挑戦』ナカニシヤ出版、pp.27-28
小川　洋子（二〇〇七）『物語の役割』ちくまプリマー新書
加藤　典洋（一九九六）『言語表現法講義』岩波書店
金子　泰子（二〇一八）『国語教師が教える二百字作文練習』溪水社
木下　是雄（一九八一）初版／二〇一四　79版『理科系の作文技術』中公新書
木下　是雄（一九九〇）『レポートの組み立て方』ちくまライブラリー
倉澤　栄吉・野地　潤家【監修】（二〇〇六）『朝倉国語教育講座4　書くことの教育』朝倉書店
佐渡島　紗織・吉野　亜矢子（二〇〇八）『これから研究を書く人のためのガイドブック』ひつじ書房
佐渡島　紗織・オリベイラ、ディエゴ・嶼田　大海・デルグレゴ、ニコラス（二〇二〇）『レポート・論文をさらによくする「引用」ガイド』大修館書店

清水　良典（二〇一二）『あらゆる小説は模倣である』幻冬舎新書
清水　良典（二〇〇六）『２週間で小説を書く！』幻冬舎新書
瀬戸　賢一（二〇一九）『書くための文章読本』集英社
中西　一弘【編】（一九九六）『基礎文章表現法』朝倉書店
浜本　純逸【監修】・田中　宏幸【編】（二〇一六）『中学校・高等学校「書くこと」の学習指導―実践史をふまえて―』溪水社
浜本　純逸【監修】・武藤　清吾【編】（二〇一八）『中学校・高等学校　文学創作の学習指導―実践史を踏まえて―』溪水社
丸谷　才一（一九八〇）『文章読本』中公文庫
三田　誠広（一九九四）『天気の好い日は小説を書こう』朝日ソノラマ
（一九九五）『深くておいしい小説の書き方』朝日ソノラマ
（一九九六）『書く前に読もう超明解文学史』朝日ソノラマ
森岡　健二（一九六三）『文章構成法』至文堂
吉田　精一（一九九〇）『随筆とは何か―鑑賞と作法―』創拓社

【著　者】

金子 泰子（かねこ　やすこ）

1954（昭和 29）年大阪府生まれ
大阪教育大学大学院教育学研究科修士課程修了
早稲田大学大学院教育学研究科博士後期課程修了
博士（教育学）

上田女子短期大学、長野大学、信州大学人文学部・同国際交流センター、早稲田大学教育学部において非常勤講師を歴任

主要著書および論文

『朝倉国語教育講座 4　書くことの教育』（共著）2006 年　朝倉書店
『新版やさしい文章表現法』（共著）2008 年　朝倉書店
「大学における文章表現指導の評価―新たに生みだし、将来につなぐために―」日本国語教育学会編『月刊国語教育研究』№.500　2013 年 12 月
『ことばの授業づくりハンドブック　中学校･高等学校「書くこと」の学習指導』（共著）2016 年　溪水社
『大学における文章表現指導―実践の記述と考察から指導計画の提案まで―』（単著）2016 年　溪水社
『国語教師が教える二百字作文練習―楽しく身につくシンプルな文章表現―短文から長文まで―』（単著）2018 年　溪水社

【挿絵・装丁案】

中嶋　淑美（なかしま　よしみ）／ R1K

前著『二百字作文練習』の挿絵

アンズ、カタクリ、梅の花とメジロ、的を射る、コブシ、サザンカ、フクジュソウ、ヒマワリとツマグロヒョウモン、サンシュユ、柿の実とヒヨドリ、ツバメ、絹さや、りんごと洋梨、リュウノウギク、食パンの女性、シャインマスカット、ヤマシャクヤク、マンサク

本書の挿絵

みかん、キンモクセイ、リンドウとチャバネセセリ、リコリス、サルスベリ、ホトトギス、アラカシ、クヌギのどんぐり、オカヨシガモ、キバナコスモス、キキョウ、ヒイラギとアブラゼミの抜け殻、さくら、ツワブキ

国語教師が教える 大学生の長作文練習
楽しく身につく豊かな文章表現
—書評・評論・随筆・小説・レポート—

令和２(2020)年10月５日　発　行

著　者　金子　泰子

発行所　株式会社　溪水社
広島市中区小町1-4（〒730-0041）
電話082-246-7909　FAX082-246-7876
e-mail: info@keisui.co.jp
URL: www.keisui.co.jp

ISBN978-4-86327-531-7 C1081